공무원·공공기관
보고서의 정석

임영균 지음

소문
서가

프롤로그

내 보고서는 왜 한 방에 통과하지 못할까?

보고서 작성 능력은 단순히 글을 잘 쓰는 것만을 의미하지 않는다. 정보 수집, 분석, 아이디어, 의사 결정, 소통에 이르기까지 모든 능력의 결집체라고 할 수 있다. 그래서일까? 보고서 쓰는 실력을 보면 그 사람의 업무 능력을 알 수 있다고 한다.

보고서의 중요성은 점점 더 강조되고 있고, 공무원이나 공공기관에서도 역량 평가의 일환으로 보고서 작성 능력을 평가 방법으로 채택하고 있다. 이런 수요를 반영하여 시중에는 《보고서 잘 쓰는 법》, 《보고서의 법칙》, 《보고서의 신》, 《정책 기획 보고서 작성법》 등 다양한 도서가 출간되어 사람들에게 읽히고 있다. 물론 내용이 알차고 도움이 되는 책들이 많지만, 개인적으로 몇 가지 아쉬움을 느낀다.

첫째, 일반 기업에서 보고서를 쓰는 방식과 공공기관의 방식은 일부 차이가 있다. 하지만 많은 책이 이런 차이를 염두에 두지 않고 한 가지 방식으로 보고서 작성법을 설명한다. 둘째, 상황이나 유형별로 보고서 작성법이 상이한데 한 가지 패턴으로 보고서 작성법을 설명하고 있다. 가끔 내가 쓰는 보고서에 적용되지 않거나 이치에 맞지 않는 내용도 있다. 마지막으로, 가장 큰 아쉬움은 '원샷원킬'이 아니라 일타쌍피나 멀티킬을 노리는 책들이 많다는 점이다. 한 권의 책에 너무 많은 내용을 담으려 하니 포커스가 흐려지고 깊이가 부족하여 무엇인가 알 듯 말 듯 하다가 끝나는 경우도 있었다.

그래서 이 책은 딱 한 가지만 겨냥하기로 한다. 포커스를 명확하게 하고자 함이다. 예전에 유행했던 말처럼 '나는 딱 한 놈만 팬다'의 가치를 실천에 옮겨 보려고 한다. 책의 타깃은 대한민국 공무원으로 하고, 책의 주제는 여러 가지 보고서 유형 중 '기획 보고서'에 관한 내용을 중점적으로 다룬다. 가장 난도가 있고 복잡한 보고서지만, 여기에 능통하게 되면 자연스레 다른 보고서 작성법도 쉬워지리라 생각한다. 두 발 자전거에 익숙해지면 세발, 네발자전거는 쉽게 탈 수 있는 것과 같은 이치다.

책의 내용은 크게 기획력, 구상력, 표현력 세 가지로 한다. 물론 좋은 보고서를 쓰기 위해서는 더 많은 능력이 요구되지만, 이 세 가지 능력만 키워도 보고서를 쓰는 데 어느 정도 어려움은 해소되리라 생각한다.

PART 1에서는 기획력에 관해 이야기한다. 기획력은 한마디로 생각하는 힘이다. 생각하는 힘은 검색을 하거나 데이터를 분석한다고 해서 생기지 않는다. 이런 방법들은 그저 기획력을 보조하는 수단일 뿐이다. 진짜 기획력은 세상에 대한 관심을 가지고, 사람들을 관찰하며 '왜?'라고 던지는 질문에서 생겨난다. 끊임없이 '왜'라고 묻고, 문제의식을 품어야 기획력이 싹튼다. 문제의식이 다양해지고 깊어질수록 생각하는 힘이 커지며 거기서부터 진짜 기획이 시작된다.

　PART 2에서는 구상력을 다룬다. 구상력은 내가 떠올린 기획을 정리된 흐름으로 엮어내는 능력이다. 좋은 보고서는 첫 줄부터 마지막 줄까지 끊기지 않고 읽히는 흐름이 있다. 이 흐름을 만들어 내는 것이 보고서 작성 능력의 핵심이다. 생각과 정보를 '나열'하지 않고 일정한 규칙에 따라 '배열'하는 것, 이 차이를 이해하고 보고서에 적용해야 좋은 보고서를 쓸 수 있다.

　PART 3에서는 표현력에 대해 배운다. 소위 빨간펜 선생님으로 빙의하는 상사들의 공격을 막기 위한 방법에 관한 내용이다. 내용을 체계적으로 전달하는 법, 간결하고 정확한 문장을 쓰는 법, 시각적인 표현력 등을 다룬다. 좋은 보고서는 읽는 사람의 머릿속에 그림이 그려지듯이 한눈에 보이는 보고서라고 할 수 있다. PART 3에서 이에 대한 답을 제시할 것이다.

　차례로 읽을 것을 추천하지만, 보고서 작성법만 알고 싶다면 PART 1은 생략하고 PART 2부터 읽어도 된다. 문서 작성 기술이나 표현법에 대해서만 알고 싶다면 PART 3부터 읽어도 무방하다.

　많은 사람이 '기획 보고서'라는 말을 들으면 부담을 느끼거나 어려움을 호소한다. 우스갯소리로 기획의 '기'자만 꺼내도 기겁을 하고 '획'자를 꺼내는 순간 획 하고 돌아버린다는 말도 있다. 자주 쓰지 않아서 어렵고 아이디어가 없어서 힘들다. 필요성 자체를 느끼지 못하는 경우도 있다. 기획이란 단어 자체가 주는 부담감도 크다. 여러 가지 이유로 기획이 주는 부담감은 가중되어 간다.

하지만 그 중심에는 한 가지 이유가 숨겨져 있다. 수백 번의 강의를 통해 교육생들과 만나 이야기하며 내린 결론이기도 하다.

'알긴 아는데, 제대로 모른다.'

여기서 방점은 '제대로'에 찍힌다. 기획이나 보고서에 대해서 알긴 아는데, 제대로 알지 못하는 경우가 생각보다 많았다. 디테일은 아는데 핵심을 알지 못하거나, 피상적인 내용만 알고 본질을 모르는 경우도 있었다.

혹시 아닐 수도 있으니 먼저 아래 질문에 답해 보기 바란다.

'보고서에서 목적과 목표, 문제와 문제점은 각각 어떻게 다른 것일까?'

만약 이 질문에 정확하고 제대로 된 설명이 가능하다면 이 책을 읽지 않아도 좋다. 도움이 되지 않을 것이다. 하지만 정확한 대답이 어렵다면 꼭 한번 읽어 보길 바란다. 기획과 보고서 작성법을 쉽고 재미있게 알려 주는 좋은 지침서가 될 것이다.

이 책은 기획과 보고서에 관한 입문서다. 이제 막 공직 생활을 시작하는 신규자, 기획서를 쓸 때마다 고민이 많은 주무관, 역량 평가 및 보고서 시험을 대비하는 사람들에게 입문서로서 기획과 보고서에 대한 자신감을 키워 주는 책이 되기를 바란다.

목차

프롤로그
내 보고서는 왜 한 방에 통과하지 못할까? ·· 3

PART 1 기획력 ·· 12

CHAPTER 1 기획이란 무엇인가 ·· 16
1. 기획 vs 계획, 같은 것일까 다른 것일까? ··· 17
2. 기획은 학문이 아니라 일상이다 ·· 24
3. 그래서 기획이 한마디로 무엇이야? ·· 33

CHAPTER 2 기획의 두 가지 유형 ·· 36
1. 문제 Problem가 문제 Important다 ·· 38
2. 야누스의 두 얼굴, 문제의 두 가지 유형 ·· 42
3. 문제의 유형이 기획의 방향을 결정한다 ·· 48

CHAPTER 3 기획의 핵심과 본질 ·· 56
1. 문제와 문제점을 구분하지 못하면 보고서가 산으로 간다 ································ 58
2. 기획의 꽃이자 키, 문제점 ·· 65
3. 첫 번째 질문을 '무엇'이 아닌 '왜'로 바꾸자 ··· 77

PART 2 구상력 ··· 83

CHAPTER 4 기획 보고서의 스토리 ·· 86
1. 3W 1H, 명분에서 시작해서 실리로 끝낸다 ··································· 87
2. 가장 보편적이고 타당한 설득 논리, 3W 1H ································· 92
3. 기획 보고서 목차 구성 ··· 96

CHAPTER 5 기획 보고서의 세부 내용 ··· 98
1. 목적 vs 목표, 목적과 목표의 동상이몽 ·· 100
2. 보고서의 몸통, 현황 - 문제점 - 과제 - 실행 계획 ························· 112
3. 기대 효과와 장애 요인으로 보고서에 풍미를 더한다 ···················· 136

CHAPTER 6 기획 보고서의 제목 및 프레임워크 ································· 144
1. 보고서의 화룡점정, 제목으로 방점을 찍다 ·································· 145
2. 기획 보고서, 한 장의 그림으로 정리한다 ···································· 148
3. 망해 가던 동물원은 어떻게 세계 최고의 동물원이 되었나? ········· 150

PART 3 표현력 155

CHAPTER 7 구조화 표현력 158
1. 구조화인가 비구조화인가, 구조화 사고의 힘 160
2. 구조화 표현의 3가지 패턴: 키워드형, 문장형, 결합형 170
3. 구조화 표현력, 고급 기술 3가지 178

CHAPTER 8 문장 표현력 187
1. 문장의 생명은 정확함에 있다 188
2. 문장은 간결하고 또 간결하게 쓴다 197
3. 문장 부호만 잘 써도 보고서가 간결해진다 204

CHAPTER 9 시각적 표현력 208
1. 도해화 표현으로 상대방의 우뇌를 자극하자 209
2. 본질을 이해해야 표와 차트가 간결해진다 219
3. 보고서 형식도 내용의 일부다 234

에필로그
끝날 때까지 끝난 것이 아니다 242

참고 문헌 및 보고서 246

PART 1

기획력

2019년은 유난히 성공한 한국 영화가 많은 한 해였다. 아카데미 다섯 개 부문 수상에 빛나는 《기생충》을 필두로, 《극한직업》은 1천 6백만 관객을 돌파하며 역대 한국 영화 흥행 순위 2위에 올랐다. 재난 영화는 성공하기 어렵다는 공식을 깨고, 《엑시트》는 거의 천만에 가까운 관객을 극장으로 불러 모았다.

순위	영화명	관객수	국가
1	극한직업	16,266,338명	한국
2	어벤져스: 엔드게임	13,977,602명	미국
3	겨울왕국 2	13,747,792명	미국
4	알라딘	12,723,777명	미국
5	기생충	10,313,145명	한국
6	엑시트	9,426,418명	한국
7	백두산	8,252,909명	한국
8	스파이더맨: 파 프롬 홈	8,023,606명	미국

2019년 영화 흥행 순위

　　이 중 《엑시트》 이야기로 PART 1을 시작해 보려고 한다. 《엑시트》는 남녀 주인공이 유독가스로 덮인 도시를 탈출하는 과정을 그린 재난 영화로, 코믹함과 긴박감이 절묘한 조화를 이루며 탄탄한 스토리를 만들어 낸다. 영화는 수많은 명장면을 남겼는데, 그중 사람들이 가장 많이 회자하고 기억하는 장면은 주인공들이 옥상에서 헬기를 향해 구조 신호를 보내는 장면이었다. 휴대폰의 라이트를 켜고 일정한 박자에 맞춰 '따따따, 따따따'를 외치는 장면이다.

이 장면은 신선함에 교육적인 효과까지 더하며 사람들에게 회자되었고, 일명 '따따따' 신드롬을 일으키며 인터넷과 SNS를 도배했다. 하지만 문제는 정확성이었다. 열에 아홉은 잘못된 정보를 올리고 있었다. 본인은 제대로 알고 있다고 생각하지만, 대부분은 정확한 정보가 아니었다. 예를 들면 이런 식이다.

'따따따 따따따 따따따따따'
'따따 따따따 따따따'
'따따따 따따따아 따따따'

그럼 정확한 구조 신호는 무엇일까? 영화 속 '따따따'는 구조 신호 SOS의 모스부호로 S는 짧게 세 번, O는 길게 세 번, 다시 S는 짧게 세 번 외치는 것이다.

··· = S
――― = O
··· = S

이것을 연결하면 '··· ――― ···' 가 되고, 글자로 옮기면 '따따따 따아따아따아 따따따'가 된다. 이것이 바로 정확한 표현이고 제대로 알고 있는 것이다. 이제 여러분은 영화 속 주인공들과 같은 상황에 처하게 되면 헬기의 구조를 받을 수 있을 것이다. 구조 신호를 정확하게 그리고 제대로 알고 있기 때문이다. 물론, 그런 일(?)이 있기를 바란다는 뜻은 아니다.

기획 보고서도 마찬가지다. 업무를 하면서 기획이라는 단어를 들어 보지 않은 사람은 없고, 직급이나 업무에 따라 다르겠지만 한 번 이상은 보고서를 써 본 경험이 있다. 써 보지 않았다고 하더라도 다른 사람이 쓴 보고서를 검토하거나 본 경험은 있을 것이다.

그래서 아마 '기획은 ○○이다', '보고서는 이렇게 써야 한다'라는 개념이 자리하고 있을 것이다. 하지만 그것이 정확한 것이라고 할 수 있을까? 혹시 영화 《엑시트》의 '따따따'처럼, 나는 알고 있다고 생각하지만 사실은 정확하게 알고 있지 못한 것은 아닐까?

내가 잘 하고자 하는 행위의 실체를 제대로 알아야 비로소 잘할 수 있는 방법이 보인다. 적을 알아야 백전백승인 것처럼 상대를 알아야 정복이 가능하다. 이번 장의 내용을 통해 기획이란 무엇인지, 기획의 핵심과 본질은 무엇인지, 그리고 기획의 프로세스는 어떻게 되는지 정확하게 알아보도록 하자.

CHAPTER 1
기획이란 무엇인가

기획 관련 강의를 할 때, 교육생들에게 꼭 묻는 질문 하나가 있다.

"기획이 무엇이라고 생각하십니까?"

갑작스러운 질문 앞에 교육생들은 마치 길을 가다가 '도를 아십니까'라는 질문을 받은 것처럼 크게 당황한다. 어리둥절한 교육생들을 위해 한 가지 힌트를 준다.

"어떤 개념을 설명할 때, 그것과 대비되는 개념과의 차이를 통해 설명하면 좀 더 쉽습니다. 그런 의미에서 '기획'과 '계획'의 차이에 관해서 설명할 수 있는 분 있습니까?"

생각의 물꼬를 터 주기 위해 힌트까지 줬는데 교육생들은 더 당황하며 미궁 속으로 빠져든다. 한 번도 생각해 본 적이 없거나 두 개념이 같다고 생각하기 때문이다. 이때 조금 더 생각할 시간을 주면 여러 가지 답변이 나온다.

- 계획은 주어진 것 vs 기획은 새로운 것
- 계획은 유에서 유 vs 기획은 무에서 유
- 계획은 목표가 없는 것 vs 기획은 목표가 있는 것

그 외에도 재미있는 답변이 있다.

- 남이 시켜서 하면 계획 vs 내가 알아서 하면 기획
- 계획은 하기 싫은 것 vs 기획은 더 하기 싫은 것

사실 그 어느 답변도 틀린다고(?) 할 수 없다. 하지만 반대로 그 어느 것도 정확하게 맞는다고 할 수도 없다. 핵심을 제대로 집어서 그 차이를 설명하지 못했기 때문이다.

1. 기획 vs 계획, 같은 것일까 다른 것일까?

어떤 개념이나 정의를 설명할 때 그것과 대비되는 것과의 차이를 설명하면 그 뜻이 명확해진다. 우리 뇌는 어떤 기준을 찾아서 비교하며 대상을 이해하려는 습성이 있기 때문이다.

그렇다면 과연 기획과 계획은 어떻게 다른 것일까?

세 가지 관점에서 설명해 보고자 한다. 앞에 설명하는 두 가지는 여러 가지 책의 내용과 전문가들의 의견을 정리한 것이며, 마지막 세 번째 차이가 나를 비롯한 많은 기획자가 생각하는 의견이다.

구분	기획	계획
순서적인 측면	선先, Planning	후後, Plan
위계적인 측면	숲, 상위	나무, 하위
요소적인 측면	Why-What-How	What-How

기획과 계획의 3가지 차이

먼저 순서적인 측면에서의 차이에 관해 설명한다. 기획은 무엇인가를 구상하고 아이디어를 떠올리는 사고의 과정이고, 계획은 그 사고의 결과 '딱' 하고 실현 가능한 형태로 나온 결과이다. 영어의 개념에서 차용한 설명으로 기획을 Planning으로, 계획을 Plan으로 설명한다. 순서상 기획을 선先, 계획을 후後로 이해하면 된다. 한마디로, 계획은 기획이라는 과정을 통해 나온 산출물이라는 뜻으로 정리된다.

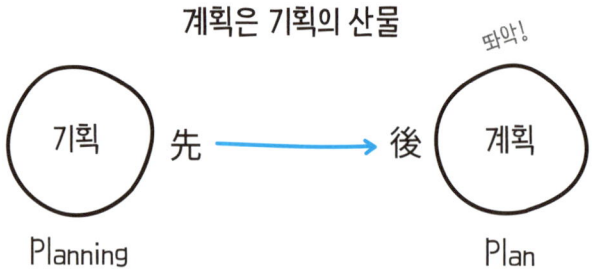

순서적인 측면에서 본 기획과 계획

    두 번째로 위계적인 측면에서 기획은 숲을 만드는 과정이며, 계획은 그 숲 안에 있는 나무 하나하나를 심는 과정이다. 기획은 방향성, 상위, 광의적인 개념이며 계획은 세부 내용, 하위, 협의적인 개념이다. 한마디로 큰 그림을 그리는 과정이 기획이고, 세부적인 내용을 설계하는 것을 계획으로 정리한다.

위계적인 측면에서 본 기획과 계획

    마지막, 요소적인 측면에서의 차이가 기획과 계획을 구분 짓는 결정적인 차이라고 할 수 있다. 'Why(왜)'라는 문제의식에서 시작하는지의 여부에 따라 기획과 계획의 차이가 생긴다.

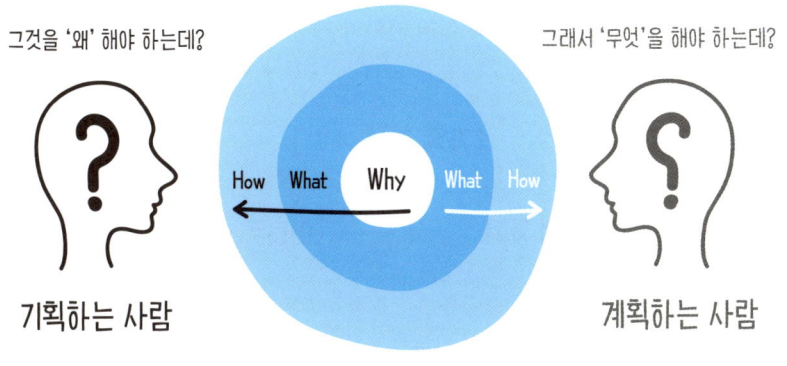

요소적인 측면에서 본 기획과 계획

    기획자의 사고방식은 '이 일을 왜 해야 하지?'라는 문제의식에서 출발해서 '무엇을 해야 하지?', '그럼 어떻게 하면 되지?'를 고민하는 방식이다. 반대로 계획자는 '왜 해야 하지?'라는 문제의식을 생략하고 주어진 '무엇'을 '어떻게' 할지 고민하는 사람이다. 사고의 출발점이 다르다. 한마디로 기획은 Why에서 시작해서 What, How로 끝나는 과정이고, 계획은 What, How로 진행되는 방식이다.

    기획자는 '왜 해야 하지?', '왜 이런 문제가 생기는 것일까?', '왜 이렇게밖에 안 될까?' 등의 문제의식을 끊임없이 고민하기 때문에 머릿속에 항상 물음표(?)를 달고 산다. 문제의식(Why)에서 시작한 사고의 흐름을 자연스럽게 무엇(What), 어떻게(How)로 연결시킬 줄 아는 사람이다.

    좀 더 쉬운 이해를 위해 가족 여행 사례를 들어 기획과 계획의 차이를 설명해 본다. 가족 여행에 대해서 논의할 때 우리는 보통 '가족 여행 계획을 짜 보자'라는 표현을 쓴다. '가족 여행 기획'이라고 말하는 사람은 없다. '가족 여행 기획'은 생경하고 이상하게 들린다.

    가족 여행은 보통 '가족 여행 계획'이라고 이야기한다. 이미 가족 여행이라는 What이 정해져 있기 때문이다. 그래서 계획이라고 한다. 정해진 What을 How로 풀어가는 과정이다. 정해진 What(가족 여행)에서 시작해서 How(목적지, 숙박, 먹거리, 교통 등)로 구체화하는 것이다. 이것이 가족 여행 계획의 과정이다.

[가족 여행 계획]

가족 여행 가자 ⟶ 어디로, 언제, 얼마?
    What   How

이것을 가족 여행 기획으로 바꾸려면 어떻게 하면 될까? 방법은 간단하다. Why라는 문제의식을 추가하면 가족 여행 계획은 가족 여행 기획이 된다.

가족 여행 기획은 일단 시작점이 다르다. 가족 여행이라는 What을 정하고 시작하는 방식이 아니라 Why라는 사고의 결과로서 What(가족 여행)을 도출하는 과정이다. 시작부터 What(가족 여행)을 정해 놓고 출발하는 계획과는 완전히 다른 방식이다. 시작 전에 가족 여행이라는 개념 자체를 염두에 두지 않는다. 좀 더 정확한 표현으로 아예 가족 여행이라는 What 자체가 머릿속에 없다.

[가족 여행 기획]

지금 가족들이 공부, 생업, 장사 등으로 너무 지쳐 있다. 지친 가족들에게 위로가 필요하다. ⟶ 가족 여행 가자 ⟶ 어디로, 언제, 얼마?

Why?   What   How

일단 현재 문제 상황을 진단한다. '지금 가족들이 전부 지쳐 있어서 휴식이 필요해서'라는 문제의식 Why를 떠올린다. 그 결과 '그럼 우리 가족 여행을 가 보자'라는 What이 도출된다. 쉽게 말해서 'Why니까 What을 하자'라는 사고의 흐름을 가져가는 것이다. 그 뒤의 과정은 계획과 같다.

기획의 프로세스
'Why니까 What을 하자' → 그 뒤는 계획의 흐름과 같음

Why에서 출발하는 기획과 What에서 출발하는 계획은 결정적인 차이가 하나 있다. 기획은 문제의식인 Why에 따라 What이 달라질 수 있다는 점이다. 예를 들어 앞선 가족 여행 사례에서 '가족들이 지쳐 있다'는 문제의식을 먼저 꺼냈을 때 해결책 What이 가족 여행 한 가지밖에 없을까?

'가족들이 너무 지쳤으니까 가족 여행을 가자'의 논리도 성립하지만, '가족들이 너무 지쳤으니까 그동안 모은 회비를 N 분의 1로 나누자'의 흐름도 가능하다. '지금까지 모은 200만 원을 인당 50만 원씩 이달 말일에 각자의 계좌로 송금하고 남은 돈은 다 같이 외식 한번 하자'로 풀어가도 된다. 서로에게 주는 선물이나 호캉스 등의 What도 가능하다.

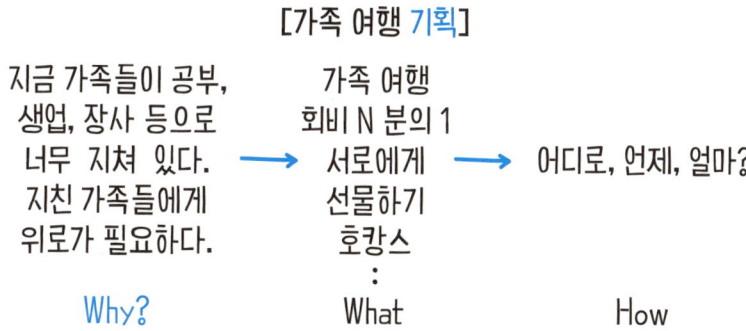

Why의 사고에서 시작하면 What이 달라진다

기획은 정해진 무엇(What)을 어떻게(How) 잘 할 수 있을지를 고민하는 방법이 아니라, 문제의식(Why)에서 출발해서 그 문제를 해결할 수 있는 가장 효과적인 해결책(What)을 도출하고 그것을 실행할 수 있는 방법(How)을 설계하는 것이다.

기획의 프로세스
Why – What – How

계획자는 시킨 일, 주어진 일을 어떻게 하면 잘 할 수 있을지 고민하는 사람이다. 반면 기획자는 문제의식을 통해 내가 해야 할 일, 또는 하고 싶은 일을 스스로 도출해서 수행하는 사람이다. 계획과 기획 두 가지 모두 일을 잘하는 데 필요한 능력이지만, 기획이 좀 더 주도적으로 일하는 방식이자 새로운 일을 만드는 방법이라고 생각한다.

기획의 사고는 세계적인 석학이나 경영자의 사고방식에서도 엿볼 수 있다. 삼성의 선대 회장이었던 故 이병철 회장은 어떤 일을 추진할 때 '와? 머꼬? 우짜꼬?'라고 묻는 분이었고, 세계적인 석학 사이먼 사이넥Simon Sinek도 《Start with Why》라는 책을 통해 'Why – How – What'이라는 골든 서클의 원리를 설명한 바 있다. 순서는 조금 다르지만 결국 '왜, 무엇을, 어떻게'의 사고방식으로 일을 풀어내고 도모하는 방식이다.

사이먼 사이넥의 '골든 서클'

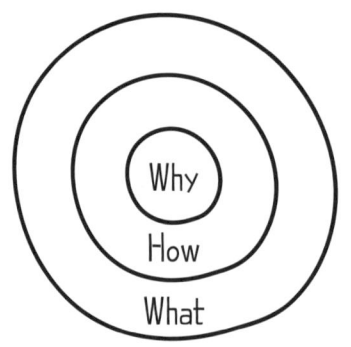

Why (목적, 이유)
이 일을 왜 해야 하는가

How (방법, 프로세스)
목적 달성을 위해 어떻게 해야 하는가

What (제품, 서비스)
그 결과 무엇이 나와야 하는가

기획에는 정답이 없다. 기획은 가 보지 않은 길을 설계하는 방법이기에 결과를 예측하기가 쉽지 않다. 물론 더 좋은 결과를 만들기 위해 노력하겠지만 아무도 확신할 수는 없다. 소위 뚜껑을 열어 보아야 그 결과를 알 수 있다. 하지만 그만큼 기회는 있다. 비록 지금은 아이디어 단계지만 그 일이 어떤 결과를 만들어 낼지는 아무도 모른다. 정답은 없지만 기회는 있는 것, 이것이 바로 기획이 가진 양면성이자, 기획의 본질이라고 할 수 있다. 기획이 매력적으로 느껴지는 이유이기도 하다.

그래서 가끔 강의를 할 때 기획을 이렇게 설명하기도 한다.

기획 = 기회 + ㄱ

기획은 '기회'를 '낫'으로 낚아채는 과정이라고 말이다.

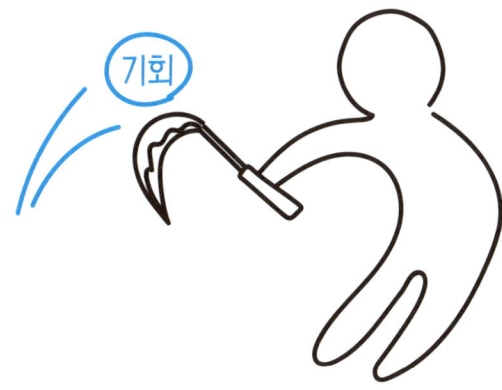

2. 기획은 학문이 아니라 일상이다

기획과 계획의 차이, 그리고 기획을 시작하는 방법이 조금 정리가 되었을 것이다. 그럼에도 불구하고 기획은 아직 어렵게 느껴진다.

왜 그럴까?

여러 가지 이유가 있지만 가장 큰 이유는 아이러니하게도 기획을 어렵다고 생각하기 때문이다. '할 수 있다'라는 생각으로 접근해야 기획이 쉬운데, '할 수 있을까?'를 고민하니 어렵게 다가올 수밖에 없다. 이렇게 된 데에는 수많은 기획통, 기획 전문가들이 톡톡히 한몫을 했다. 기획을 마치 복잡한 학문인 것처럼 설명하고 묘사했기 때문이다.

물론 기획은 꽤 복잡한 과정이다. 제대로 된 기획을 위해서는 여러 가지 분석적인 절차가 요구되는 것도 사실이다. 하지만 좋은 기획을 위한 프로세스가 정해져 있는 것은 아니다. 방대한 데이터나 분석 자료가 필요할 수도 있지만 필수 사항은 아니다. 기획을 둘러싼 부수적인 요소일 뿐이다.

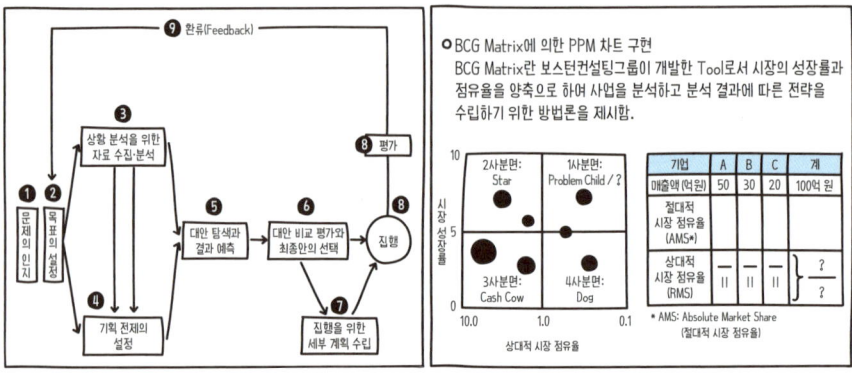

기획은 복잡한 프로세스와 분석 과정을 거쳐야 하는 것일까?

기획의 핵심은 분석이나 프로세스가 아니다. 기획은 자연스럽게 생각을 떠올리고 이 생각들을 연결해 나가는 과정이다. 생각을 프로세스로 전개해야 하는데 프로세스에 생각을 집어넣으면 기획이 되지 않는다. 어렵고 복잡해지기만 할 뿐이다. 게다가 기획에 대해 이렇게 절차적이고 분석적인 개념들을 먼저 접하게 되면 기획을 하고 싶다는 생각이 들기나 할까?

기획을 잘하기 위해서는 기획이 어려운 학문이 아니라 우리가 일상생활 속에서 접하는 소소한 무엇이라고 생각하는 인식의 전환이 필요하다. 기획은 어려운 학문이 아니며, 나와 관계없는 것도 아니다. 내 주변을 둘러싼 일상이며, 누구나 쉽게 할 수 있는 활동이다.

지금부터는 몇 가지 사례를 통해 기획이 결코 어렵고 복잡한 학문이 아니라 소소한 일상임을 소개하려고 한다. 직접 경험한 사례부터 책이나 뉴스에서 접한 내용까지 생활 속 기획을 이야기해 본다.

달빛어린이병원, 사진: 보건복지부 제공

첫 번째 사례는 2년 전쯤 지하철역에서 마주한 옥외 광고의 내용으로, 1년 365일 밤 12시까지 운영한다는 어린이 전문 병원이다. 별로 특별할 것이라고는 없어 보이는 이 병원은 왜 세상에 나오게 되었을까? 지금부터 그 기획 이야기를 시작해 본다.

아이를 키워 본 사람이면 알겠지만 아이를 키우는 일이 늘 행복하고 즐거운 것만은 아니다. 힘들고 지치는 순간이 있는데, 가장 힘든 순간은 아이가 아플 때라고 한다. 대신 아파주지도 못하고 끙끙 앓고 있는 아이를 보고 있으면 속이 타들어 간다. 특히 모든 병원이 문을 닫는 늦은 시간에 아프면 딱히 데리고 갈 병원이 없기에 그 힘듦이 배가 된다. 어쩔 수 없이 응급실에 갈 수밖에 없다.

늦은 시간 응급실에 가 본 사람이라면 응급실 분위기가 어떤지 쉽게 상상이 갈 것이다. 정신없이 움직이는 의사와 간호사들은 기본이고 환자 대부분이 심하게 다친 사람이다. 교통사고 환자, 중증 환자부터 심지어 만취해서 온 사람들도 있다. 하지만, 내 아이는 다만 열이 조금 있어서 응급실에 간 것뿐이다. 그런 복잡하고 불편한 환경에 섞이는 것이 싫을 수밖에 없다.

이런 불편에서 1년 365일 밤 12시까지 운영하는 어린이 전문 병원이 탄생했다. 이 병원의 기획은 응급실의 불편한 환경에서 부모들이 겪는 고충과 애로 사항을 문제의식으로 삼았고 그 문제를 효과적으로 해결했다. 심지어 응급실 비용보다 상대적으로 저렴하니 이용하지 않을 이유가 없다.

2년 전 실제로 이 병원을 처음 방문했는데, 지금도 아이가 아프면 제일 먼저 찾는 병원이다. 보건복지부에서 참 좋은 기획을 했다는 생각이 들었다. 그리고 우연의 일치일까? 이 병원이 생기고 난 뒤 얼마 후부터 늦은 시간이나 주말에 운영하는 병원들이 우후죽순 생겨나기 시작했다. 좋은 기획이 가지는 힘이 발휘되고 더 많은 사람이 그 기획에 동참한 것은 아닐까 생각해 본다.

두 번째 사례는 충주 휴게소 화장실이다. 눈썰미가 없는 사람이라도 오른쪽 위 사진을 보면 단번에 특이한 점 하나가 눈에 들어올 것이다. 세면대 사이사이에 있는 핸드 드라이어다. 보통은 화장실 입구 쪽에 있기 마련인데 조금 특이하다 싶어 사진을 찍었다. 여기에 설치한 이유를 관계자분에게 물으니 돌아오는 대답이 흥미로웠다.

충주휴게소 세면대 핸드 드라이어

사람들이 손을 씻고 물기가 있는 상태에서 입구 쪽 핸드 드라이어까지 가는 잠깐의 찝찝함을 견디지 못하기 때문이라는 것이었다. 그러다 보니 결국 바닥에 물을 털게 되고, 바닥에 물기가 흥건해져 미끄러움을 유발할 수 있다는 설명이었다. 그는 겨울철에는 바닥이 살짝 얼기 때문에 다칠 위험도 높다고 덧붙였다.

아마 우리는 전혀 문제를 느끼지 못했을 것이다. 하지만 다리에 힘이 부족한 노약자나 장애인은 이런 바닥이 있으면 넘어지는 사고가 빈번하게 발생한다. 이 화장실을 기획한 사람은 이 점을 놓치지 않고, 기획으로 연결시켰다. 화장실 바닥이 미끄러워 넘어질 수 있으니 핸드 드라이어를 세면대 바로 옆에 설치하는 소소한 기획을 통해 문제를 해결한 것이다.

사실 결과만 놓고 보면 '별것 아니네?'라고 생각할 수도 있다. 하지만 기획자의 뛰어난 관찰력이 없었다면 결코 세상에 나올 수 없는 기획이었다. 세심한 관찰력을 바탕으로 한 문제의식이 있었기에 가능했다고 생각한다. 게다가 저렴한 비용으로 화장실의 미끄럼 문제를 효과적으로 해결했으니 좋은 기획이 아니라고 할 이유가 없다.

(왼) 서초구, 서리풀 원두막 (중간) 정자동, 행복 그늘 쉼터 (오른) 서초구, 서리풀 이글루

세 번째 사례는 우리가 잘 알고 있는 횡단보도 그늘막이다. 김난도 교수가 쓴 《트렌드 코리아 2018》에서 2017년 10대 히트 상품으로 뽑힌 좋은 기획이다.

횡단보도 그늘막을 처음 본 것은 한창 무더위가 기승을 부리던 2017년 여름, 서초구의 한 횡단보도에서다. 보는 순간 탄성이 절로 나왔다. 길을 건너려고 대기하는 사람들이 그늘막 아래에서 더위를 피하는 모습을 보고 '어떻게 저런 기획을 했지?' 하고 감탄하며 좀 더 자세히 관찰해 보았다.

일단 이름부터 신선했다. 서리풀 원두막. '서리풀'은 서초의 순우리말이다. 게다가 횡단보도 그늘막, 햇빛 차단막이라는 직접적인 표현 대신 원두막이라는 비유적인 표현도 좋았다. 모양은 또 어떠한가? 초록색 색깔과 둥근 모양으로 원두막을 형상화했다. 왠지 진짜 원두막 같다는 느낌적인 느낌 때문인지 1~2도는 더 시원하게 느껴졌다.

이 기획은 유행을 넘어 대세가 되었다. 지자체를 중심으로 너도나도 따라 하기 시작한 것이다. 물론 자체적으로 설치하자는 의견도 있었을 테지만 시민들의 민원도 있었을 것이다. 이렇게 자발적으로 시작된 기획과 뒤늦게 등 떠밀려(?) 시행한 기획은 그 결과가 조금 다르게 나타났다. 서리풀 원두막을 본 얼마 후 동네에서 이상한 물건(사진

가운데)이 눈에 들어왔다. 분명 의도는 같았을 텐데, 왠지 모르게 서리풀 원두막에 비해 초라하고 볼품없는 것이 느낌이 확 달랐다. 그때였다. 몇몇 사람들이 삼삼오오 모여 담배를 피우기 시작한다. 졸지에 행복그늘쉼터가 행복흡연천국으로 변하는 순간이었다.

좋은 기획은 이어진다고 했던가. 시민들의 좋은 반응을 등에 업고 겨울에는 서리풀 이글루까지 등장했다. 서리풀 원두막이 더위에 지친 시민들의 문제를 해결하기 위한 기획이었다면, 서리풀 이글루는 시민들의 추위 문제를 해결하기 위해 탄생한 기획이었다. 기획은 처음이 힘들 뿐, 막상 시행하여 효과가 있고 궤도에 오르면 지속적인 탄력을 얻을 수 있음을 잘 보여 주는 사례라고 생각한다.

(왼) UFO 버거, 사진 제공: UFO 버거 (오른) 시크릿 콘돔, 사진 제공: 아이디엇

이번에는 먹을 것에 관한 사례다. 일단 왼쪽의 UFO 버거를 보자. 사진을 보는 순간 단박에 왜 이 햄버거가 세상에 나왔는지 알아챘을 것이다. 햄버거를 먹다 보면 양파가 쑥쑥 빠지고 양상추는 바지에 떨어지고 소스는 줄줄 흘러 불편할 때가 많다. 하지만 대부분 이런 문제 상황에 직면하고도 '햄버거가 원래 이렇지 뭐' 하며 대수롭지 않게 넘겼을 것이다. 당연하다고 생각하고 넘어가는 것이다.

하지만 이 당연함에 딴지를 건 기획자가 있었으니, 바로 UFO 버거 개발자다. 세상이 당연하게 여기는 것에 문제의식을 느끼고 '왜 햄버거를 꼭 흘리면서 먹어야 하는가'라는 생각으로 기획을 시작했다. 그렇게 탄생한 UFO 버거는 현재 서울 강남을 중심으로 빠르게 프랜차이즈화가 진행되고 있다.

이제 오른쪽 그림을 보자. 먹을 것인 듯 아닌 듯 기묘하게 생긴 물건인데, 먹을 것으로 생각하면 큰 오산이다. 일명 시크릿 콘돔인데, 처음 보는 순간 그 기발함에 탄성이 절로 나왔다. 일반 콘돔 포장지와 다르게 케첩이나 소스 포장지에 콘돔을 담았다. 보기엔 이상하지만 기획자의 문제의식을 알고 나면 무릎을 칠 수밖에 없는 좋은 기획이라고 생각한다.

여러 가지 설이 있지만, 콘돔은 영국의 콘돔 백작Earl of Condom이 발명한 데서 유래했다고 한다. 발명가의 이름을 땄을 뿐이지만 어찌 되었든 콘돔은 쉽게 입 밖에 내기에 부끄러운 단어이다. 특히 콘돔을 구매하거나 소지하는 데 왠지 거리낌이 있다. 편의점에서 콘돔을 살 때 당당하게 콘돔 하나만 사는 사람은 별로 없다. 왠지 모를 부끄러움에 직원의 눈치를 보며 굳이 필요 없는 것까지 같이 사기도 한다.

더 심각한 상황은 콘돔을 가방이나 지갑에 넣고 다니다가 우연히 다른 사람에게 발각(?)되는 경우다. 그 순간부터 그 사람은 괜히 이상한 사람 취급을 받는다. 우리 사회에 자리 잡고 있는 성性과 콘돔에 대한 인식이 이렇다.

이때 어느 기획자가 이 문제의식에서 기획을 시작한다. 외관상으로는 전혀 콘돔 같지 않은 콘돔을 기획한 것이다. 그 결과 남성들이 이전보다는 조금 더 콘돔의 구매나 휴대에 있어 자유로워졌다. 물론 다른 사회적인 부작용이 있을 수도 있겠지만 문제의식이나 기획 의도만큼은 높이 평가할 만하다고 생각한다.

사실 그동안의 콘돔은 기능성 위주로 발전해 왔다. 더 얇게 만들기 위한 노력 끝에 초박형이 나오고 그것도 모자라 돌기형, 향을 첨가한 딸기 향 콘돔 등으로 진화했다. 하지만 이 콘돔 기획자의 문제의식은 남달랐다. 전혀 다른 측면에서 문제를 발견하여 좋은 기획으로 연결한 것이다. 칭찬할 만한 기획임에 틀림없다. 아직 시중에 판매되고 있지는 않지만 여러 가지 장애 요인을 극복하고 출시될 날을 기다려 본다.

마지막 사례는 스웨덴의 어느 거리에 있는 스피드 로또, 번역하면 '과속방지 복권'이다. 이 장치는 자동차가 규정 속도 이하로 가면 파란불이 들어오면서 엄지가 척 올라간다. 반대로 규정 속도를 넘어서 주행하면 빨간불이 들어오면서 손가락이 내려간다. 파란불이 들어온 자동차 번호는 자동으로 복권에 응모가 되고 한 달에 한 번 추첨을 통해 당첨금을 지급한다. 한마디로 규정 속도만 잘 지켜도 인생 역전의 기회가 생기는 것이다.

이 기획은 꽤 창의적인 기획이다. 누구나 생각할 수 있는 문제의식을 뒤집어서 생각했기 때문이다. 우리나라는 대부분 과속을 방지하기 위해서 과속방지턱이나 카메라를 설치하는 것이 일반적이다. 이때의 문제의식은 과속하는 사람들을 못 하게 막는 것이다. 이것이 일반적인 생각이다.

스웨덴의 스피드 로또, 출처: YouTube

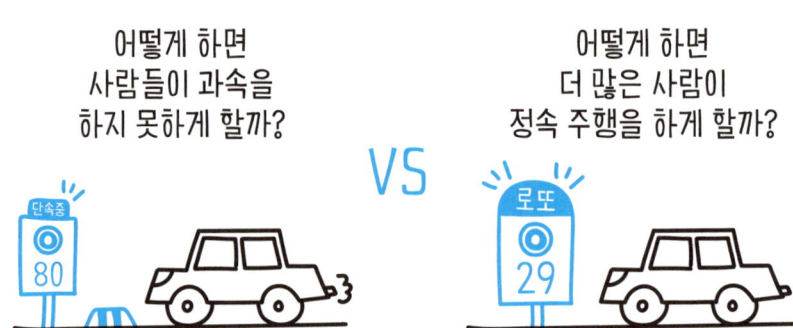

문제의식을 뒤집어야 새로운 기획이 탄생한다

하지만 과속 방지 복권은 이 문제의식을 정확하게 반대로 뒤집었다. '어떻게 하면 더 많은 사람이 정속 주행을 하게 할까'를 고민한 것이다. 같은 듯 다른 두 문제의식의 차이는 결국 기획의 방향을 결정했고 서로 다른 결과물을 만들어 냈다. 물론 어느 것이 더 효과적이라는 뜻은 아니다. 다만 문제의식을 달리 가져가면 새로운 기획이 보인다는 말이 하고 싶었을 뿐이다.

3. 그래서 기획이 한마디로 무엇이야?

세상에는 수많은 기획이 있고, 세상은 기획에 의해 움직이고 발전한다. 인터넷 중고 거래 사이트의 절대지존 중고나라에서는 익명, 택배 거래로 인한 사기가 종종 발생했다. 이 문제를 해결하기 위해 당근마켓이 세상에 나왔다. 당근은 '당'신 '근'처의 마켓이란 뜻으로 실명 인증이 필수이며 GPS를 기반으로 지역 인증 후 거주지 기준 반경 2~6km 내에서만 거래가 가능하도록 제한했다. 동네 이웃과의 직거래 시스템은 중고 거래의 고질적인 문제점이었던 택배 사기 피해의 가능성을 현저히 낮췄다.

엘리베이터 안에서 개에게 물리는 사고가 빈번해진 요즘 누군가가 펫 표시 엘리베이터 버튼을 기획했다. 동물을 싫어하거나 무서워하는 사람은 펫 표시가 켜져 있는 엘리베이터는 통과시키고 타지 않으면 된다. 이것으로 또 하나의 문제가 효과적으로 해결되었다.

퇴근 후 장 볼 시간이 없는 워킹맘들의 문제를 해결하고자 새벽 배송 마켓컬리가 세상에 나왔고, 손안의 은행 카카오뱅크나 토스를 이용하면 은행에서 수십 분씩 시간을 허비하는 불편을 겪지 않아도 된다.

그럼 이쯤에서 질문 하나 해 본다.

지금까지 여러 기획 사례를 설명하면서 가장 많이 등장한 두 단어는 무엇이었을까? 각각 두 글자로 된 두 단어를 찾아보기 바란다. 정답은 문제 그리고 해결이라는 단어였다. 결국, 기획은 세상이 가지고 있는 '문제'를 발견하여 내 생각과 아이디어로 '해결'하는 과정이다. 이것이 가장 본질적이면서 심플한 기획에 대한 정의다. 어떤 개념을 설명하거나 정의를 내릴 때 길고 복잡하게 한다면 그것의 핵심을 제대로 알지 못한다는 뜻이다.

기획 = 문제 + 해결

지금부터는 세상에서 가장 간결하면서도 핵심을 담아 기획을 문제 해결이라고 정의한다. 앞서 설명한 기획의 방법과 연결하면 다음의 공식이 완성된다.

기획의 정의 = 문제 + 해결
기획의 방법 = Why + What + How

기획의 본질적 정의는 문제 해결이며, 그 방법은 Why(왜)라는 문제의식에서 출발하여 What(무엇)을 결정하고 구체적으로 How(어떻게) 할지를 고민하는 과정이다.

기획 강의를 하다 보면 교육생들이 자주 묻는 두 가지가 있다.

"기획을 어디서부터 어떻게 시작해야 할지 모르겠어요."
"기획 아이디어를 떠올리는 것이 힘들어요."

한마디로 시작이 어렵다는 것이다. 이제 가장 큰 고민 한 가지가 해결되었다. 기획은 아이디어를 찾는 활동이 아니라 세상이 가진 문제를 찾는 활동이고 여기서부터 기획이 시작되기 때문이다. 무엇을 해야 할지, 어떻게 할지를 고민하는 과정이 아니라 '왜 저렇게 하지?', '저것은 잘못된 것 아닌가?', '이것은 좀 문제가 있네?' 등으로 사람들이 불편해하는 것, 세상이 가진 문제를 발견하는 것에서 기획이 시작된다. 아이디어가 없어서 기획을 못 한다는 것은 핑계에 불과하다. 단지 문제의식이 없을 뿐이다. 문제의식 Why를 발견한다면 해결책 What을 찾는 과정은 비교적 쉽게 다가올 것이다. 문제가 이미 답을 내포하고 있는 경우가 많기 때문이다.

기획은 문제의식에서 출발하여 핵심 아이디어인 What을 떠올리고 구체화되고 세분화된 절차인 How를 제시하는 것으로 마무리된다. 이것이 가장 간결하면서도 핵심적인 기획의 프로세스다.

언제나 기획의 출발점은 What이 아닌 Why임을 기억하자. 생각의 순서를 바꾸는 것만으로, 기획은 좀 더 쉽게 시작될 것이다.

시작점을 바꾸자

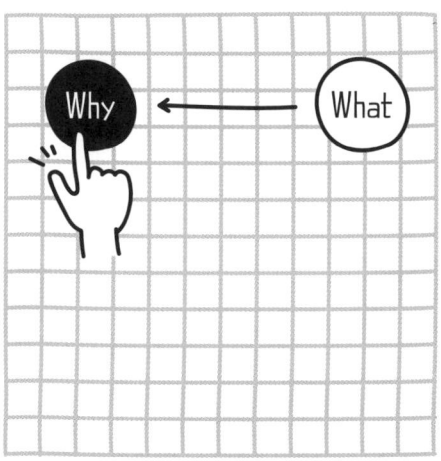

Why의 사고로 시작점을 바꾸자

CHAPTER 2
기획의 두 가지 유형

기획은 세상이 가지고 있는 문제를 찾아서 해결하는 활동이라고 정의했다. 한 가지 더, 해결이 먼저가 아니라 문제가 먼저라는 사실을 여러 차례 강조했다. 농구로 비유하면 문제가 오른손이고, 해결책은 왼손이다.

'왼손은 거들 뿐.'

농구에서 슛을 할 때 왼손은 거들 뿐 결국 슛은 오른손이 하는 것처럼, 기획에서도 해결책은 거들 뿐, 문제가 핵심이라고 할 수 있다.

[농구에서 '왼손'은 거들 뿐]

[기획에서 '해결책'은 거들 뿐]

기획의 시작점은 문제! 문제가 해결보다 먼저이고 중요하다

만약 아이디어가 먼저 떠오르는 타입이라고 하더라도 필연 그 전제에는 문제의식이 수반되어 있다. '무엇인가 해 보면 어떨까?'라는 생각이 떠올랐다면, 그 전에는 분명 어떠한 문제의식이 자리하고 있을 것이다. 내 인식의 사고 체계에서 생략되었을 뿐이고 깨닫지 못했을 뿐이다.

기획의 큰 흐름: 문제의식 → 아이디어

물론 기획에 있어서 두 가지 모두 중요하고 조화를 이루어야 한다. 문제의식이 아무리 뛰어나도 그것을 실현해 줄 해결책을 떠올리지 못하면 비판론자나 말만 번지르르한 사람이 된다. 아이디어가 아무리 좋아도 세상이 가진 어떤 문제를 해결해 주지 못한다면 허울뿐인 망상이나 불필요한 행동이 된다. 문제와 해결이 쌍으로 움직이고 이 둘 간에 자유자재로 사고의 전환이 가능해야 좋은 기획이 나온다.

그럼에도 불구하고 굳이 따지자면 51:49로 문제가 좀 더 중요하다고 할 수 있다. 기획의 시작점이기도 하지만 기획의 유형을 결정하는 좌표이기 때문이다.

이번 장에서는 기획의 핵심인 문제에 대해서 조금 더 알아보려고 한다. 문제Problem가 문제Important이기 때문이다.

1. 문제Problem가 문제Important다

우리는 일상 속에서 문제라는 단어를 많이 사용한다.

'너는 자주 늦는 것이 문제야.'
'네 보고서는 결론이 없는 것이 문제야.'
'매출 하락이 문제야.'
'오늘 점심에 무엇을 먹을지가 문제네.'
'경제가 문제야.'

이렇게 자주 쓰는 단어임에도 불구하고 사람들에게 문제의 뜻이나 본질적인 속성을 물어보면 십중팔구 정확한 대답을 하지 못한다. 한 번도 제대로 생각해 본 적이 없기 때문이다. 대부분 해결을 필요로 하는 물음, 잘못된 것, 불편 등으로 생각하고 대답을 한다. 물론 틀린 답변은 아니지만 이 또한 정확하게 아는 것은 아니다.

그렇다면 문제의 뜻은 무엇일까? 특히 기획에서 말하는 문제의 속성은 무엇일까?

일단 결론부터 말하고 시작한다. 문제는 무엇인가 요구하는 바에 비추어 봤을 때, 그에 미치지 못하는 현재 수준과의 차이Gap를 의미한다.

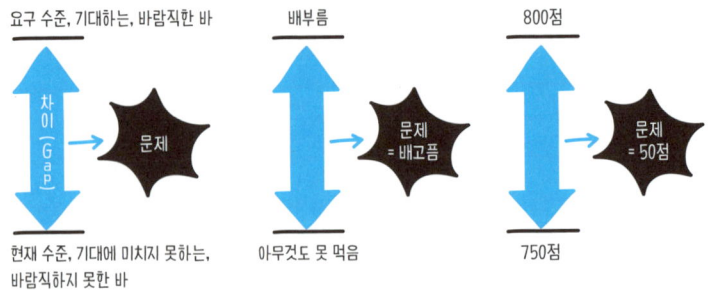

문제 = 요구 수준 - 현재 수준

기대하는 것이나 바람직한 수준이 있는데, 거기에 미치지 못하는 수준이나 바람직하지 못한 수준과의 차이가 벌어졌을 때 이것을 문제라고 한다. 예를 들어 배가 불러야 하는데 아무것도 먹지 못한 것과의 차이인 '배고픔', 영어 점수가 800점이어야 하는데 그에 미치지 못하는 750점일 때 차이인 '50점 부족'이 문제이다.

'왜 이렇게 복잡해? 문제면 그냥 문제지'라고 생각할 수 있다. 하지만 문제의 정확한 정의를 알아야 제대로 된 기획이 가능하기에 복잡하게 설명할 수밖에 없는 이유를 좀 더 이야기해 본다.

예를 들어 보고서 관련 교육을 기획하고 진행하는 교육담당자가 있다고 하자. 어떤 강사를 초청해서 하루 7시간의 교육이 끝났다. 강의 만족도가 5점 만점에 3.2점이 나왔다. 이 상황은 문제일까, 문제가 아닐까?

아마 대부분 문제 상황이라고 생각할 것이다. 하지만 이것은 문제가 아니다. 왜냐하면 교육담당자 입장에서 요구 수준이나 바라는 바가 없었기 때문이다. 이때, 3.2점은 문제가 아닌 현황일 뿐이다. 만약 교육담당자가 '이번 강의 만족도 목표는 4.5점'이라는 요구 수준을 설정하고 있었다면 이 상황은 문제가 된다. 요구하는 수준에 미치지 못하는 현재 수준이 발생했기 때문이다. 이때 문제는 요구 수준인 4.5점과 현재 수준인 3.2점과의 차이인 1.3점이다.

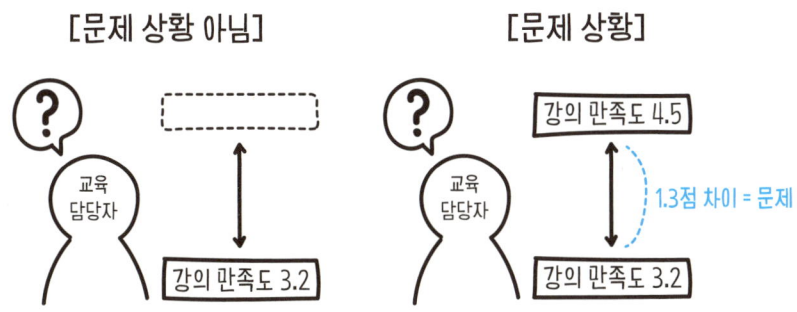

문제 상황과 문제가 아닌 경우의 차이

흔히들 3.2점이 문제라고 생각하겠지만, 다시 한번 강조한다. 3.2점은 그저 현황일 뿐, 문제는 4.5점과의 차이인 1.3점이다. 여기서 핵심은 요구 수준이 있어야 문제 상황이 만들어진다는 점이다. 요구 수준이 없으면 지금 내가 마주한 현재 수준은 현황일 뿐 문제가 아니다.

한 가지 예를 더 들어 보겠다. 어느 커피 전문점에 가서 '이 집 커피가 맛이 없네, 커피 맛이 문제네' 하고 말했다면 필연 그 사람은 커피 맛이 본인의 요구 수준인 '5.0점'에 비추어 그에 미치지 못하는 현재 수준 '4.0점'이었기 때문에 문제라고 생각한 것이다. 이때 문제는 4.0점이 아니라 둘 간의 차이, 즉 1.0점 부족한 것이 문제가 된다.

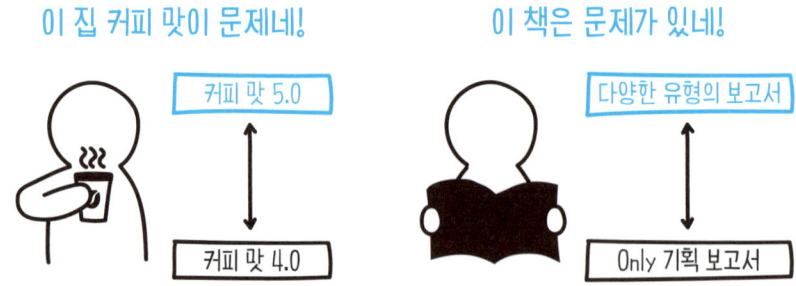

요구 수준이 있어야 문제가 된다

혹시 지금 이 책을 읽으면서 '이 책은 문제가 있네'라고 생각한 사람이 있다면 아마 이런 사고가 돌아가지 않았을까?

요구 수준 = 다양한 유형의 보고서에 대한 내용
현재 수준 = 오직 기획 보고서에 관한 내용

만약 이러한 상황이라면 여기서 책을 덮어야 한다. 왜냐하면 이 책은 원하는 요구 수준을 충족하지 못하기 때문이다. 아쉽지만, 문제 해결을 원한다면 다른 책을 읽는 방법밖에 없다.

2. 야누스의 두 얼굴, 문제의 두 가지 유형

문제에 대한 가장 기본적인 정의를 설명했다. 여기서 한 단계 더 나아가서 문제의 유형에 대해 살펴본다. 결론부터 말하면, 세상에는 다양한 문제가 있지만 크게 두 가지 유형으로 정리할 수 있다. 여기서 '크게'라고 함은 칼로 무 자르듯이 명확한 경계가 있는 것은 아니지만, 큰 범주에서 두 가지 유형이 있다는 뜻이다. 그 두 주인공은 바로 '발생형 문제'와 '설정형 문제'다.

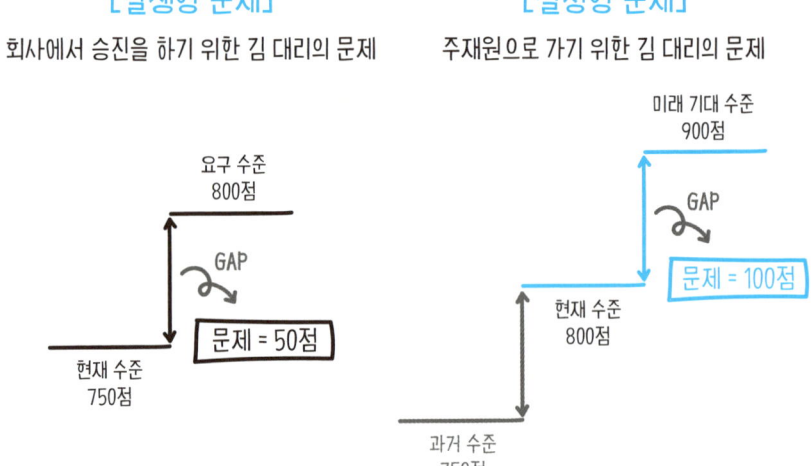

문제의 두 가지 유형, 발생형 문제와 설정형 문제

A 회사에 다니는 김 대리의 사례를 통해 두 가지 문제 유형에 관해 살펴본다. 김 대리가 다니는 회사는 대외적으로 글로벌 진출을 선포하고, 이에 따라 직원들의 영어 능력 개발에 박차를 가하고 있다. 이제 영어 점수는 승진하는 데 필수 조건이 되었다. 김 대리의 경우, 현재 토익 점수는 750점인데 이번 승진 시험에서 토익 800점 이상을 얻

지 못하면 승진은 커녕, 회사를 나가야만 한다. 김 대리에게 심각한 문제가 발생했다. 승진 요구 수준인 800점과 현재 김 대리의 점수인 750점과의 차이, 50점 부족한 문제가 발생했기 때문이다.

이런 유형의 문제를 발생형 문제라고 한다. 이미 벌어진 문제 혹은 누구나 문제라고 생각하는 유형의 문제다. 물이 엎어진 유형의 문제라고 해서 발생형 문제라고 한다.

이제 오른쪽의 상황을 보자. 김 대리는 각고의 노력 끝에 토익 800점으로 승진에 성공했다. 문제가 해결되었다. 승진을 하고 보니 과장급 이상에 주어지는 또 다른 혜택이 있다. 본인의 선택에 따라 해외 주재원으로 나갈 기회가 주어지는 것이다. 단, 토익 점수가 900점이 되어야 한다.

그렇다면 이 상황은 김 대리에게 문제 상황일까, 문제 상황이 아닐까?

문제라고 말하는 사람도 있고 문제가 아니라고 하는 사람도 있을 것이다. 하지만 두 가지 모두 정답이 아니다. 정답은 '문제일 수도 있고, 아닐 수도 있다'이다.

만약 김 대리 스스로 주재원으로 근무한다는 새로운 요구 수준을 설정하면 900점에 미치지 못하는 800점의 현재 수준으로 인해 100점의 문제가 생긴다. 반면 김 대리가 '나는 그냥 여기서 일하고 싶다'라고 생각하며 현재에 안주한다면 문제가 생기지 않는다. 주재원이라는 새로운 요구 수준이 없기 때문에 현재 가지고 있는 토익 점수 800점은 전혀 문제가 되지 않는 것이다.

이처럼 새로운 요구 수준을 의도적으로 만들어서 현재 상황을 문제로 만드는 유형의 문제를 설정형 문제라고 한다. 새롭게 설정한 문제라는 뜻에서 설정형 문제이다. 앞선 발생형 문제와는 대조적으로 누구나 문제라고 생각하는 문제가 아니라, 사람이나 상황에 따라 문제라고 생각할 수도 있고, 그렇게 생각하지 않을 수도 있다. 사람마다 요구 수준이 모두 다르기 때문이다.

현재 수준: 정리가 되지 않아 더러운 회의실

좀 더 쉬운 설명을 위해 위 그림을 보기 바란다. 만약 당신이 팀장이고 회의를 하기 위해 회의실에 들어갔는데 이렇게 되어 있다. 어떤 생각이 드는가? 강의 중에 교육생들에게 그림을 보여주고 질문하면 대답은 두 가지 유형으로 나뉜다.

더럽다 vs 치워야겠다

이때 '더럽다'라고 말하는 사람과 '치워야겠다'라고 말하는 사람의 차이는 무엇일까? '더럽다'라고 말한 사람은 문제를 먼저 인식한 사람이다. 반대로 '치워야겠다'라고 말한 사람은 해결책을 먼저 떠올린 사람이다. 문제를 먼저 인식했느냐 해결책을 먼저 떠올렸느냐에 따라 대답에 차이가 발생했다. 하지만 앞서 설명한 바와 같이 해결책을 먼저 떠올린 사람의 말에도 의식하지 못했을 뿐 필연 '더럽다'라는 문제의식이 전제되어 있다. 그것이 '치워야겠다'라는 해결책으로 자연스럽게 연결된 것이다. 아무 이유도 없이 '치워야겠다'라고 생각하는 사람은 없다.

그렇다면 '더럽다'라고 생각한 이유, 다시 말해 '문제가 있네'라고 인식한 이유는 무엇일까? 아마 다음의 그림을 떠올렸기 때문일 것이다.

요구 수준: 깨끗하게 정리된 회의실

위 그림과 같이 깨끗한 회의실이 요구 수준이 되고 그에 미치지 못하는 지저분한 회의실이 현재 수준이 되어, 이 둘 간의 비교를 통해 '더럽다'라는 문제를 인식한 것이다. 한마디로 아래와 같은 사고가 머릿속에 자리한 것이다.

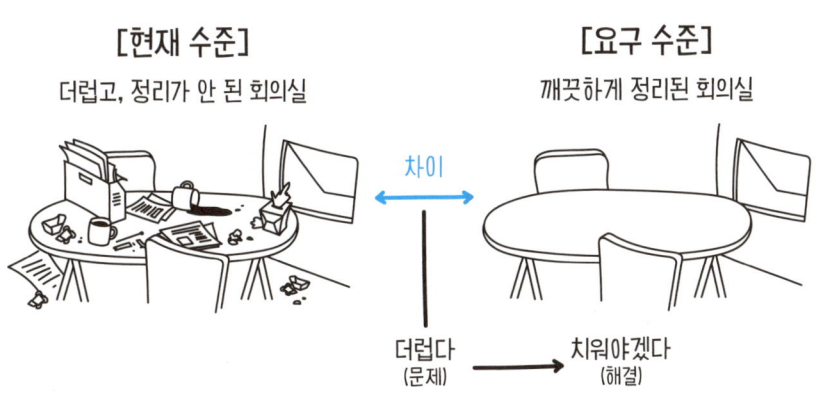

'더럽다'라는 문제를 인식하는 과정

깨끗하게 정리된 회의실

현재 수준: 깨끗하게 정리된 회의실

이제, 상황을 바꿔 본다. 회의를 소집하고 회의실에 갔는데 모습이 위의 그림과 같다.

문제가 있다고 생각하는가, 없다고 생각하는가? 대부분 문제가 없다고 생각할 것이다. 하지만 생각을 바꾸어 보자. 정말 회의 준비가 제대로 되어 있는 것일까?

회의 도구(칠판, 노트북, 빔 프로젝터 등)가 갖춰진 회의실

요구 수준: 회의 준비가 갖춰진 회의실

머릿속으로 이런 그림을 떠올렸다면 깨끗한 회의실도 문제 상황이 된다. 노트북도 있어야 하고 빔 프로젝터도 있어야 하며 화이트 보드와 의자 등도 넉넉하게 필요하다. 의도적으로 더 나은 상황, 더 높은 요구 수준을 설정하는 순간 현재의 깨끗한 회의실도 문제 상황이 되는 것이다.

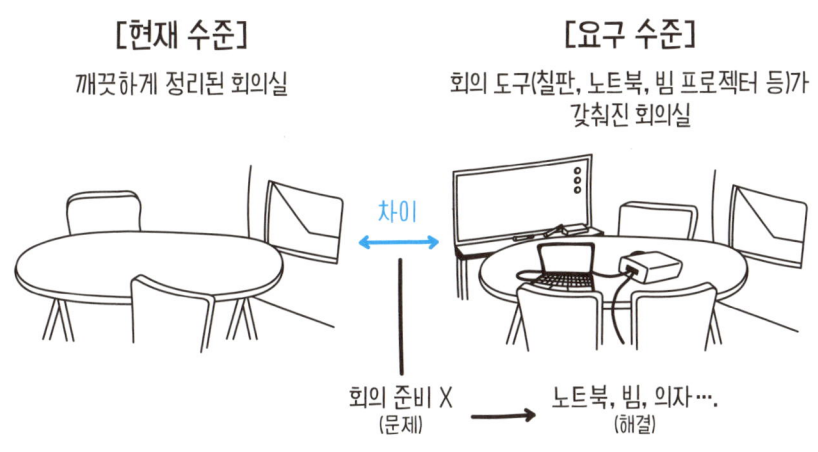

회의 준비가 부족하다는 문제를 인식하는 과정

이런 유형의 문제가 설정형 문제다. 현재 아무 문제가 없다고 생각하는 상황에서 의도적으로 더 높은 수준을 설정하고 현재 수준을 바라보는 것이다. 이때 새로운 문제가 튀어나오면서 기획이 시작된다.

3. 문제의 유형이 기획의 방향을 결정한다

복잡하고 어려운 이야기를 통해 문제를 요구 수준과 현재 수준의 차이로 정의하고 굳이 발생형과 설정형으로 나눈 이유는 무엇일까? 문제의 유형에 따라 기획의 성격과 방법이 달라지기 때문이다.

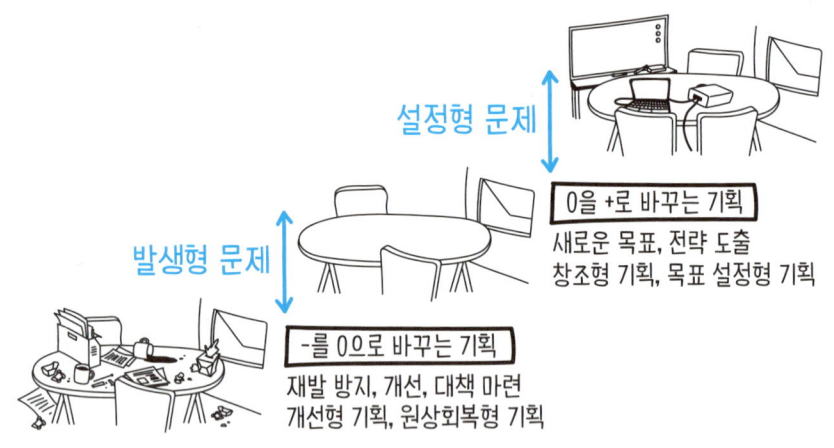

두 가지 문제 유형과 그에 따른 두 가지 기획 유형

더러운 회의실을 깨끗한 회의실로 바꾸는 기획은 − 상태를 0으로 바꾸는 기획이다. 이것을 재발 방지나 개선을 위한 개선형 기획이라고 한다. 주로 대응 방안, 대책 마련, 개선, 활성화 등의 제목이 붙는다.

반대로 깨끗한 회의실을 회의 준비가 완벽한 회의실로 바꾸는 기획은 0에서 + 가치를 만드는 기획이다. 새로운 목표나 가치를 창출하는 창조형 기획이라고 한다. 주로 전략, 추진, 수립 등의 제목이 붙는다.

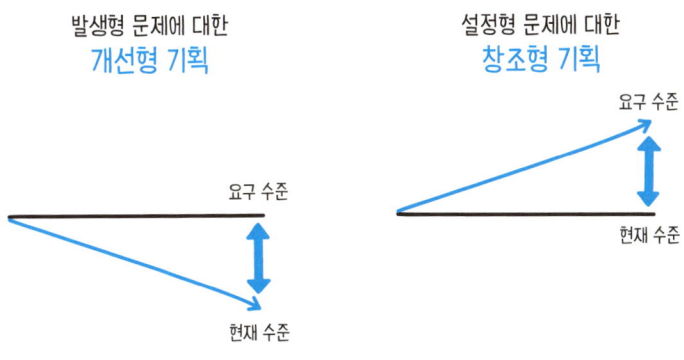

두 가지 유형의 기획

 의미를 정확하게 전달하기 위해 '개선형 기획'과 '창조형 기획'이라는 명칭을 썼지만, 이것이 정확한 사전적 정의는 아니다. 이해를 돕기 위해 조작적으로 정의한 내용일 뿐이다. 이미 벌어진 문제를 해결하느냐, 새롭게 설정한 문제를 해결하느냐의 차이라는 것만 알아주기 바란다.

 이제 이번 챕터의 핵심으로 가 보자. 앞서 복잡한 설명을 통해 문제의 정의나 유형을 설명한 이유는 문제의 유형에 따른 기획의 프로세스를 구분하기 위함이었다.

두 가지 유형의 기획 프로세스

먼저, 발생형 문제에 대한 개선형 기획 프로세스를 살펴보도록 하자. 발생형 문제는 이미 벌어진 문제 혹은 누구나 문제라고 생각하는 유형의 문제다. 문제를 파악하는 것으로 기획을 시작한다. 다음으로 문제를 일으킨 원인을 분석하고 여러 가지 원인 중에 대책 마련이 가능한 문제점을 찾는다. 문제점에 대응하는 과제를 설정하고 과제들을 잘게 쪼개어 실행 계획으로 바꿔 준다. 여기서 잘게 쪼갠다는 것은 전문용어로 구체화, 세분화라는 의미를 담고 있다.

이렇게 설명하고 끝낸다면 대충 넘어가는 것밖에 안 된다. 프로세스에 등장하는 각각의 개념을 정확하게 이해해야 비로소 제대로 기획 프로세스를 안다고 할 수 있다. 단계별로 등장하는 개념 중에 문제, 원인, 문제점, 과제라는 말의 명확한 정의와 차이를 알아야 한다.

물론 이 단어들을 같은 의미로 해석하는 사람은 없겠지만 그 차이를 정확히 이해하는 사람도 많지 않다. 복잡하고 자세한 설명은 뒤로 미루어 두고 이번 챕터에서는 문제와 과제의 차이에 대해서만 간략하게 설명한다.

문제는 요구 수준과 현재 수준과의 차이라고 설명했다. 그렇다면 과제는 무엇일까? 과제는 그 문제를 해결하기 위해 해야 할 일들이다. 예를 들어 취업이라는 문제가 생겼을 때, 과제는 영어 능력 개발, 자기소개서 및 면접 준비, 외모 관리 등이 된다. 한마디로, 문제는 무엇인가 잘못된 상황을 뜻하며, 과제는 그 잘못된 상황을 타개하기 위해 해야 할 일의 목록을 의미한다. 이제 문제와 과제는 전혀 다른 개념이라는 것을 확인했으니, 지금부터는 문제와 과제를 혼용하는 일은 없기를 바란다.

이것으로 개선형 기획 프로세스에 대한 개략적인 설명을 마쳤다. 혹시 지금까지 설명한 것을 머릿속에 욱여넣으며 외우는 사람이 있다면 멈추어 주기 바란다. 억지로 외우려는 순간 기획은 어려워지고 하기 싫어진다. 또한 외운 것은 금방 잊어버리게 되어 있다. 계속해서 책을 읽다 보면 외우지 않으려 해도 저절로 외워지는 상황이 만들어질 것이다. 원리를 이해하면 자연스레 프로세스가 머릿속에 자리 잡아 오래 기억하고 제대로 써먹을 수 있다.

다음은 창조형 기획 프로세스다. 창조형 기획의 프로세스는 출발이 조금 다르다. 현재 주어진 문제가 없기 때문이다. 따라서 의도적으로 문제를 찾아야 한다. 가장 먼저 할 일은 나와 내가 속한 조직을 둘러싼 환경을 분석하는 것이다. 주변을 둘러보아야 지금보다 더 높은 요구 수준이 어느 수준인지, 문제가 무엇인지를 찾을 수 있다.

이때 머릿속을 스쳐 가는 개념이 하나 있을 것이다. 바로 SWOT 분석이다. 환경 분석하면 공식처럼 떠오르는 개념이다. 하지만, 공식은 공식일 뿐 그 원리를 이해하는 것이 더 중요하다. 그렇다면, 환경 분석과 SWOT는 어떤 관련이 있는 것일까?

조직을 중심으로 환경이라는 말은 크게 내부 환경과 외부 환경으로 구분된다. 외부 환경을 분석한다는 것은 조직에 유리한 상황과 불리한 상황을 분석해야 함을 의미한다. 그럼 내부 환경을 분석한다는 것은 무엇일까? 우리가 잘하고 있는 것과 잘못하고 있는 것을 봐야 하지 않을까?

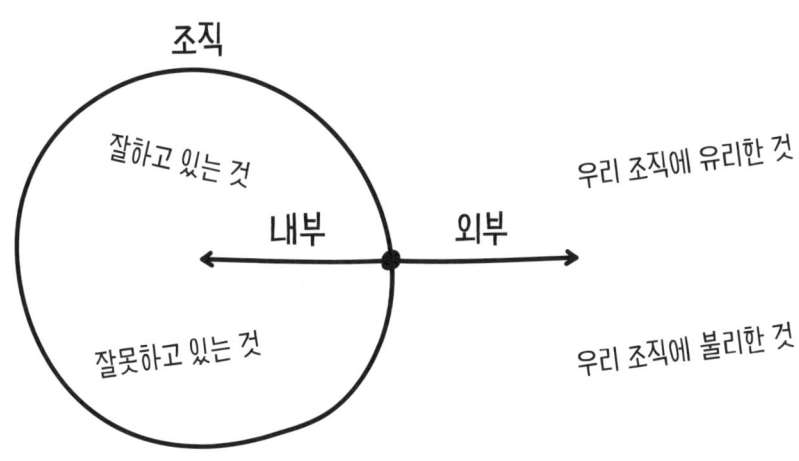

환경 분석의 의미와 네 가지 요소

CHAPTER 2 기획의 두 가지 유형   51

이것을 좀 더 체계적으로 정리하면 강점Strength, 약점Weakness, 기회Opportunity, 위협Threat이 된다. 강점과 약점은 조직 내부 환경에 속하고, 기회와 위협은 외부 환경에 속하는 영역이다. 이것을 요약정리한 개념이 바로 SWOT다.

외우고 쓰기보다 원리를 알고 써야 한다는 것을 다시 한번 강조한다. 이해를 해야 제대로 활용할 수 있다. 그렇지 않으면 외부 환경인 기회 영역에 내부 환경인 강점의 내용을 기재하기도 하고, 내부 환경인 약점 영역에 외부 환경인 위협 요인의 내용을 기재하면서 중구난방인 SWOT 분석을 하는 경우가 발생한다.

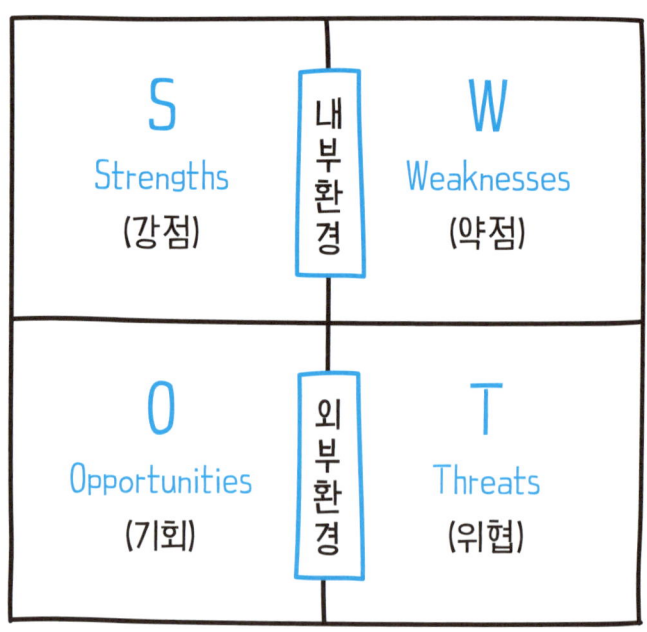

SWOT 분석의 네 가지 요소

관련해서, 아래 내용을 보고 제대로 된 SWOT 분석인지 아닌지 스스로 판단해 보기 바란다.

잘못된 SWOT 분석의 예시

    SWOT 분석이 유일한 환경 분석 방법은 아니다. 고객, 내부, 경쟁 등을 분석하기도 하고, 외부 환경을 각각 정치Political, 경제Economic, 사회Social, 기술Technological을 의미하는 PEST로 분석하기도 한다. 최근에는 환경적Environmental 요소와 법적Legal 요소를 추가하여 PESTEL 분석을 하기도 한다. 그 밖에도 이해관계자를 분석하는 이해관계자 분석, 4M 기법, 7 Force 등 다양한 방법이 존재한다.

    결국 환경을 분석한다는 것은 조직이 나아갈 방향을 결정하기 위해 가능한 한 조직을 둘러싼 모든 것을 분석함을 의미한다고 할 수 있다. 이때 활용할 수 있는 여러 가지 방법 중 하나가 SWOT 분석일 뿐이다.

    환경 분석 다음으로 해야 할 일은 문제를 정의하는 것이다. 현재 수준에서 향후 이런 수준으로 변해야 한다고 문제를 설정하는 단계다. 다음으로 구체적인 목표나 달성해야 할 수준을 명확히 하고 목표를 달성하기 위한 전략을 수립한다. 뒤에 이어지는 프로세스는 개선형 기획과 동일한 절차를 따른다.

물론 두 가지 기획 방법이 남과 여, 선과 악처럼 명확하게 구분되는 것은 아니다. 혼용해서 쓰기도 하고 부분적으로 변형해서 쓰기도 한다. 중요한 것은 변형을 하든 혼용을 하든 기본은 알고 써야 한다는 점이다. 기본이 없는 상태에서 두 가지 방법을 혼용하는 것은 마치 자전거를 탈 줄 모르면서 외발자전거를 타거나 자전거를 타면서 저글링을 시도하는 것과 같다고 할 수 있다.

이것으로 두 가지 기획 프로세스에 대한 개략적인 설명을 마치고, 지금부터는 개선형 기획 보고서를 중심으로 책의 내용을 풀어가고자 한다. 기획의 기초라고 할 수도 있으며 가장 기본이 되는 보고서 유형이기 때문이다. 개선형 기획 보고서를 잘 쓰는 방법만 제대로 알아도 창조형 기획 보고서나 다른 유형의 보고서까지 잘 쓸 수 있는 방법을 알 수 있을 것이다. 또한 역량 평가 시험 대부분이 개선형 기획 보고서 작성으로 출제되기 때문에 알아 두면 유리하다고 생각한다.

이제 이 책에서 다루고자 하는 내용의 범주가 명확해졌다. 수많은 유형의 보고서 중에 (정책) 기획 보고서, 두 가지 기획 보고서의 유형 중에 개선형 기획 보고서의 유형을 중점적으로 다룰 것이다.

다음 장부터는 개선형 기획 보고서를 중심으로 기획의 핵심 프로세스와 보고서 작성 방법에 대해 이야기해 보도록 하겠다.

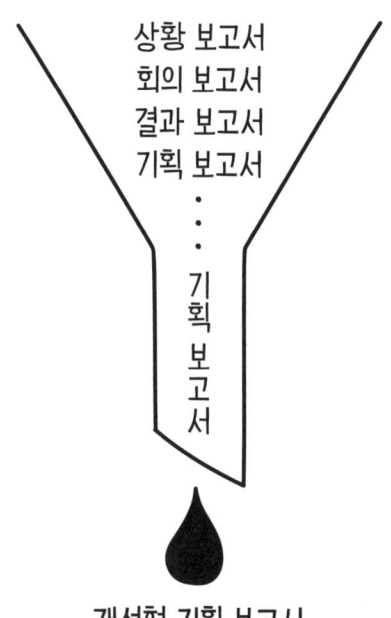

이 책에서 다룰 범주 및 중점적인 내용

CHAPTER 3
기획의 핵심과 본질

지금까지 기획의 정의와 문제의 유형에 따른 기획 프로세스를 설명했다. 이제 개선형 기획 프로세스로 범위를 좁혀서 이야기를 이어가 본다. 그 전에 질문 하나 던지고 시작한다.

'앞서 개선형 기획 프로세스를 설명했는데 혹시 기억하는 분이 있는가?'

기억한다면 정말 감사한 일이지만 개인적으로는 없기를 바란다. 다시 한번 강조하지만 외운 것은 금방 잊어버리게 되어 있다. 원리를 이해하고 자연스럽게 받아들여야 비로소 완벽한 내 것이 된다. 그래야 나중에 기획의 순간에 직면했을 때 자연스럽게 사고의 흐름대로 프로세스를 만들어 낼 수 있다.

개선형 기획 프로세스
문제 파악 → 원인 분석 → 문제점 도출 → 과제 설정 → 실행 계획

문제의 정의는 앞서 설명했고 원인 파악을 한다는 것도 맥락상 알겠는데 세 번째에 떡하니 자리하고 있는 문제점이 아리송하다.

'문제점은 무엇이지? 문제랑 어떻게 다르지?'

문제점은 문제에 '점' 하나를 찍은 것이지만 그 의미는 완전히 다르다. '대충 무엇인가 잘못되었다는 의미 아니야?'라고 넘겨짚다가는 기획의 프로세스가 무너진다. 문제점에 대한 정확한 뜻을 알아야 기획이 제대로 선다.

뒤에서 자세히 설명하겠지만, 바로 이 '문제점'이라는 개념이 개선형 기획의 키이자 꽃이라고 할 수 있다. 가장 중요한 개념이기도 하지만 사람들이 가장 어려워하는 부분이기도 하다.

```
┌─────────────────────┐   ┌─────────────────────┐
│        제목          │   │        제목          │
│                     │   │                     │
│  • 추진 배경          │   │  • 사업 개요         │
│                     │   │                     │
│  • 현황 및 문제점      │   │  • 현황 및 문제점     │
│                     │   │                     │
│  • 추진 방향 및 대안   │   │  • 전략 및 추진 과제   │
│                     │   │                     │
│  • 실행 계획          │   │  • 추진 계획         │
│                     │   │                     │
│  • 목표 및 기대 효과   │   │  • 행정 사항         │
└─────────────────────┘   └─────────────────────┘
```

일반적인 정책 기획 보고서 형식

기획 보고서는 부처나 기관에 따라 그 목차를 조금씩 달리하지만 개략적인 큰 틀은 위와 같은 형식으로 규정한다. 이때 어김없이 등장하는 목차 중 하나가 바로 '현황 및 문제점'이다. 대부분의 사람이 이 항목에 대충 잘못된 것이나 안 좋은 영향, 부정적인 내용을 쓴다. 하지만 제대로 기획을 하고 보고서를 쓰는 사람은 두 용어의 차이를 정확히 이해하고 내용을 기재한다. 나조차 정확하게 알지 못하고 보고서를 쓰면, 그건 상대방에게는 도무지 알 수 없는 외계어로 들릴 뿐이다. 내가 명확해야 상대방도 명확하다.

선배들이 썼던 보고서, 작년에 썼던 보고서, 다른 기관이나 타 부서의 기획 보고서를 가져다 내용만 바꿔치기하는 식으로는 절대 보고서 작성 능력이 키워지지 않는다. 목차 하나하나가 가지는 의미, 정확한 용어 정의, 핵심 프로세스를 제대로 이해해야 정확하게 기획 보고서를 쓸 수 있다. 그만큼 보고서의 목차는 중요하고 큰 의미를 가진다.

지금부터는 문제, 원인, 문제점, 과제 등이 어떤 의미를 가지는지, 이런 목차의 정의와 의미를 이해하는 것이 왜 중요한지에 대해서 알아보도록 하자.

1. 문제와 문제점을 구분하지 못하면 보고서가 산으로 간다

먼저 문제 하나를 풀고 시작하자. 아래 내용을 읽어 보고 이 상황에서 문제라고 생각하는 것을 딱 하나만 찾아보기 바란다. 두 개, 세 개 찾는 사람이 있을 것 같아 다시 한 번 강조한다. 딱 한 가지만 찾아서 '문제는 ○○○입니다'라고 말해 보자.

> A 씨는 최근 코로나로 인해 연말 모임을 자제하고 있었는데, 갑자기 친구 아버님이 돌아가셨다는 소식에 급하게 장례식장으로 갔다. 몇 년 만에 보는 친구도 있고 가장 친했던 친구도 와서 한 잔 두 잔 술이 들어갔다. 만취하여 인사불성으로 집에 들어갔다. 자려고 누웠는데 갈증이 밀려왔다. 냉장고 문을 열고 차가운 우유를 벌컥벌컥 들이켰다. 술을 많이 마셔서 그런지 우유 맛이 새콤하게 느껴졌다. '요구르트 맛 우유인가? 새로 나왔나 보네'라고 생각만 하다가 피곤함에 깊이 잠들었다. 새벽 4시쯤 잠결에 복통이 밀려왔다. 멈추지 않는 설사로 불면의 밤을 보냈다. 아침까지 식은땀이 끊이질 않고 온몸에 힘이 하나도 없었다. 다음 날 아침, 아내가 남은 우유를 개수구에 버린다. 유통기한이 보름이나 지난 우유였다. 병원에 갔더니 의사가 말한다.
> "급성 장염입니다. 상한 음식을 드셨군요. 3일은 입원해야 합니다."

무엇이 문제라고 생각하는가? 강의를 할 때 교육생들을 대상으로 같은 실습을 해 보면 열이면 열 모두 다른 대답을 한다.

- 장례식장에 간 것이 문제다
- 술을 마신 것이 문제다
- 고주망태가 되도록 술을 마신 것이 문제다
- 물 대신 우유를 마신 것이 문제다
- 시큼할 때 뱉지 않은 것이 문제다
- 상한 우유가 있는 것이 문제다

50대 이상 남성들만 있는 강의장에서는 열에 아홉은 '아내가 문제다'라는 재미있는 농담도 나온다.

중요한 사실은 짧은 내용, 간단한 상황에서조차 각자 문제라고 인식하는 것이 다르다는 점이다. 하물며 길고, 복잡한 보고 상황에서는 어떨까? 보고서를 쓰는 사람과 보고서를 검토하는 사람의 문제 인식이 다르면 제대로 된 보고서라고 할 수 없다.

그렇다면 이 상황에서 문제는 무엇일까?

문제의 정의에서 출발해 보자. 문제는 요구 수준과 현재 수준의 차이라고 말한 바 있다. 무엇인가 원하는 바가 있었는데 그에 미치지 못하는 지금의 현재 수준이 만들어진 것이다. 한마디로 문제는 어떤 일의 결과로서 만들어진 차이를 의미한다. 이 상황에서 딱 하나의 문제는 바로 장염에 걸려 정상적이지 못한 상태가 된 것이다. 건강해서 정상적이어야 하는데 그렇지 못한 현재 수준이 만들어졌고 그 차이인 장염이 문제이다.

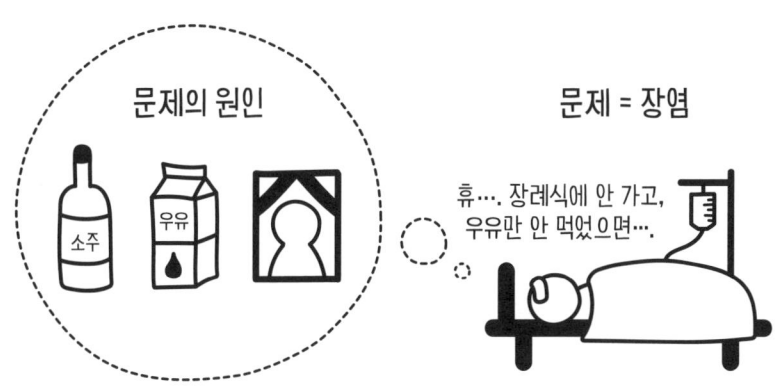

문제와 문제의 원인

그럼 앞서 많은 사람이 대답한 내용들은 오답일까?

사람들의 대답은 문제를 일으킨 원인에 해당하는 내용이다. 이 원인들이 있었기에 지금 A 씨는 장염에 걸려 이틀간 입원해야 하는 문제 상황에 처한 것이다.

여기까지 왔다면 일단 오부 능선은 넘었다. 슬슬 문제와 문제점의 차이가 모습을 드러낸다. 문제를 만든 원인이 문제점이기 때문이다. 기획에서는 요구 수준과 현재 수준의 차이를 '문제'라고 하고 이런 문제를 일으킨 원인을 '문제점'이라고 하며, 문제와 구분해서 쓴다. 즉, 문제점이 원인이 되어 문제를 일으키는 것이다. 인과관계로 정리하면 문제점이 원인, 문제가 결과가 되며, 시간 순서로 정리하면 문제점이 先, 문제가 後가 된다.

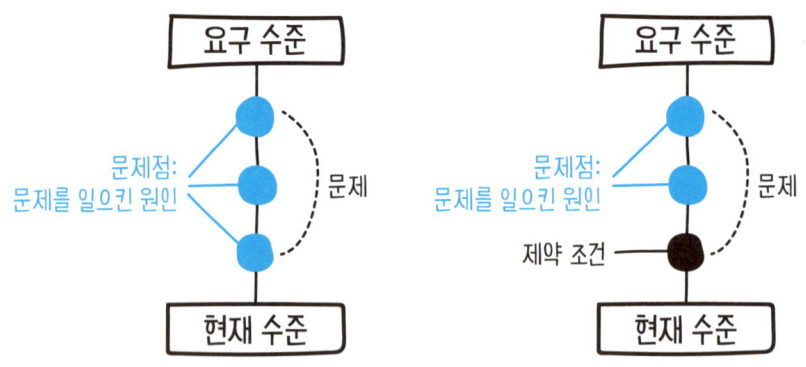

문제와 문제점 그리고 제약 조건

여기서 한 가지 의문이 들 수 있다.

'문제의 원인이라고 하면 되지 왜 굳이 문제점이라고 했을까?'

이 내용을 설명하기 위해서는 한 가지 개념이 더 끼어든다. 바로 제약 조건이라는 개념이다. 문제를 일으킨 여러 원인 중에 꼭 해결할 수 있는 원인만 있는 것은 아니다. 원인 중에는 통제할 수 없거나 불가피한 것도 있다.

예를 들어 정치, 경제, 법규, 제도, 자연환경 등과 같은 원인은 문제를 유발하는 원인이지만 어쩔 수 없는 것들이다. 이런 원인들을 기획에서는 제약 조건이라고 한다. 보고서에 표현할 때는 한계점, 제약 사항 등으로 쓴다. 문제를 해결하는 데 있어 한계가 되는 조건이자 제약 사항이라는 뜻이다.

문제를 일으킨 다양한 원인 중에 해결할 수 있거나 대책을 수립할 수 있는 원인을 문제점, 해결할 수 없거나 대책 마련이 어려운 원인을 제약 조건으로 구분해서 쓴다. 그림으로 정리하면 아래와 같다.

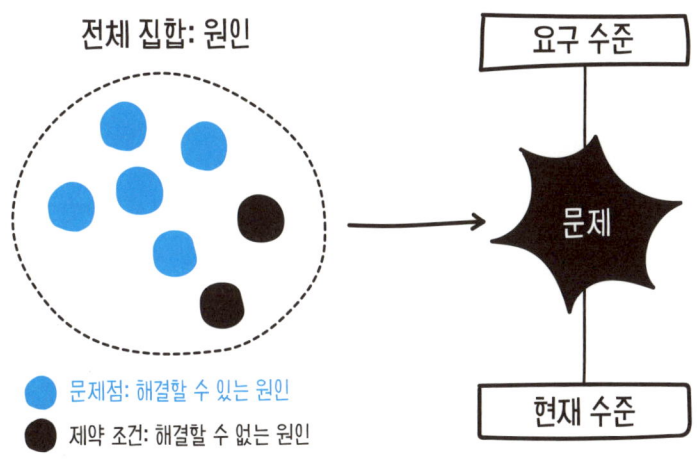

문제, 문제점, 제약 조건의 상관관계

그럼 다시 A 씨의 상황으로 돌아가 장염을 일으킨 원인을 살펴보자.

1. 장례식장에 간 것이 문제다
2. 술을 마신 것이 문제다
3. 고주망태가 되도록 술을 마신 것이 문제다
4. 물 대신 우유를 마신 것이 문제다
5. 시큼할 때 뱉지 않은 것이 문제다

6. 상한 우유가 있는 것이 문제다
7. 아내가 문제다

이 중에 내가 통제하거나 해결할 수 있는 원인은 1번에서 6번까지다. 다시는 장염에 걸리지 않기 위해 제거하거나 개선할 수 있는 원인들이다. 1~6번까지를 문제점이라고 한다. 반면 7번은 제약 조건에 해당하는 개념이다. 아내를 바꿀 수는 없기 때문이다.

한 가지 예를 더 들어 보자. 교육담당자의 입장으로 돌아가 본다. 교육 담당자가 교육 만족도 4.5점을 목표로 설정했는데, 현재 3.2점이 나왔다. 만족도가 1.3점 부족한 문제가 생겼다. 원인을 분석해 봤더니 강사의 강의 스킬이 부족했고 교재의 내용이 부실했으며, 코로나로 인해 온라인 원격 수업을 한 것이 요인이었다.

이 상황에서 향후 강의 만족도를 4.5점으로 올리기 위한 기획을 한다면 해결 가능한 원인은 강사, 교재가 되고 코로나로 인한 온라인 원격 수업은 해결 불가능한 원인이 된다. 이때 전자가 문제점, 후자가 제약 조건이다.

문제점 = 강사의 강의 스킬 부족, 교재의 내용 부실
제약 조건 = 코로나로 인한 온라인 원격 수업

하지만 기획에서 제약 조건까지 고려하는 경우는 흔치 않다. 고려하기 복잡하기도 하고, 기획은 결국 일이 되게 만드는 것이기 때문에 제약 조건은 애초에 배제하고 시작하는 경우가 많다. 그래서 지금부터는 아래와 같은 내용으로 조작적 정의를 한다.

문제점 = 원인

마지막으로 개념 정리를 위해 아래 문제를 풀어 보자. 오래전 모 기관의 NCS국가직무능력표준 시험에 나왔던 문제다.

> **Q1. 다음 보기 중 문제와 문제점에 대한 설명으로 옳은 것은?**
>
> 〈보기〉
> ㄱ. 문제점이란 일반적인 상태에서 벗어나거나 목표하는 상황과 다른 상황이 발생하는 것을 말한다.
> ㄴ. 약속이 있어서 차를 타고 외출하던 중 접촉 사고가 나서 약속 시간에 30분 늦었다면 이 상황에서 문제는 약속 시간에 30분 늦은 것이고 문제점은 접촉 사고이다.
> ㄷ. 한국전력공사는 올 여름철 평균 예비전력을 3,000만kW 수준으로 유지하기 위하여 500만kW 단위의 신규 발전소 2개소를 건설하기로 하였다. 하지만 예산 확보 부족으로 1개소만 건설하였다. 이번 여름철 평균 예비전력은 2,100만kW였다. 이 상황에서 문제는 900만kW의 평균 예비전력의 부족이다.
> ㄹ. 올해 목표 판매 대수가 4만 대였던 차량이 엔진 결함으로 인한 리콜 조치로 인하여 3만 대밖에 팔리지 않았다면 문제는 3만 대만 판매된 것이고 문제점은 엔진 결함이다.
>
> ① ㄱ, ㄴ
> ② ㄱ, ㄷ
> ③ ㄴ, ㄷ
> ④ ㄴ, ㄹ

문제와 문제점에 대한 개념 정리

진지하게 문제를 풀어 본 사람이라면 3번과 4번 중에 답을 고민했을 것이다. 하지만 정답은 3번으로, 'ㄴ'과 'ㄷ'이 옳은 설명이고 'ㄹ'의 설명은 틀렸다.

'ㄹ'을 보면 목표 판매 대수, 즉 요구 수준이 4만 대다. 하지만 엔진 결함 및 리콜 조치로 인해 3만 대밖에 팔지 못했다. 이것은 현재 수준이다. 문제는 둘의 차이인 1만 대 부족하게 판매한 것이고, 문제를 일으킨 문제점(원인)은 엔진 결함으로 인한 리콜 조치가 된다.

흔히 3만 대만 팔린 것이 문제라고 생각하기 쉽지만, 만약에 4만 대라는 판매 목표(요구 수준)가 없었다면 3만 대를 판매한 것은 전혀 문제가 되지 않는다. 그냥 현황일 뿐이다. 그러니 'ㄹ'에서 문제는 3만 대가 아니라 1만 대 덜 팔린 것이라고 해야 옳은 설명이 된다.

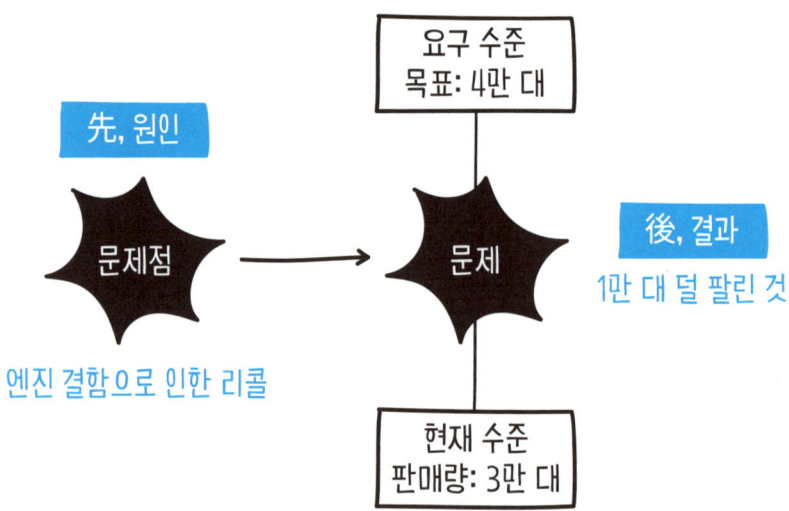

'ㄹ'이 틀린 이유에 대한 설명

2. 기획의 꽃이자 키, 문제점

이번에도 문제를 하나 풀고 시작해 보자. 아래 상황을 잘 읽고 문제와 해결책, 두 가지만 찾아 주기 바란다. 각각 딱 한 개씩만 찾아보자.

> ○○ 팀에서 일하는 박 대리는 지각을 밥 먹듯이 자주 한다. 여러 번 경고해도 그때뿐 고쳐지지 않는다. 가끔 급한 일이 있는 경우, 전화를 해보지만 휴대폰이 꺼져 있거나, 집으로 전화를 해도 받지 않을 때가 많다. 부서 직원들이나 외부 고객들도 박 대리와는 연락하기 어렵다고 불평을 한다. 팀 내 다른 직원에게 일을 맡겨 보지만, 박 대리가 없으면 일이 제대로 진행되지 않는다.

이 상황에서 문제를 찾는 것은 비교적 수월했을 것이다. 하지만 해결책을 떠올리는 데 어려움을 겪었으리라 예상한다. 의도적으로 한 가지 절차를 생략하게 유도했기 때문이다. 바로 문제를 일으킨 원인, 문제점이다. 문제점을 찾지 않은 상태에서 문제와 해결책만 찾으라고 하니 어려운 것이 당연하다.

이렇게 의도적으로 조작한(?) 실습을 한 이유는 따로 있다. 바로, 기획을 함에 있어 문제점의 중요성을 강조하기 위해서이다. 우리는 어떤 문제 상황에 직면하면 너무 쉽게 해결책부터 찾으려고 한다. '문제' 하면 꼬리표처럼 따라다니는 것이 해결책이다. 문제 상황에 직면하면 자연스레 '무엇을 어떻게 해야 하지'라고 생각하는 것이 자연스러운 사고의 흐름이다.

하지만 그렇게 성급하게 해결책을 찾으려고 하면 답을 찾기가 어렵다. 해결책을 떠올린다고 해도 피상적인 수준에 그치는 경우가 많다. 소위 업계 전문용어로 손바닥 뒤집는 듯한 해결책밖에 나오지 않는다. 문제를 일으킨 원인 중에서 해결 가능한 원인인 문제점을 찾아서 이에 대응하는 해결책을 제시해야 한다.

다시 실습 상황으로 돌아가 이번에는 방법을 바꾸어 문제 - 문제점 - 해결책을 찾아보자. 바로 정답을 공개한다. 아마 크게 두 가지 패턴으로 답이 정리될 것이다.

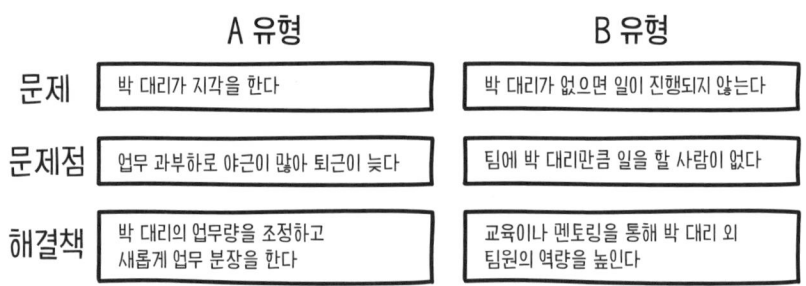

문제 - 문제점 - 해결책의 프로세스

A 유형은 '박 대리의 지각'을 문제로 보고 기획을 시작한 경우이고, B 유형은 '박 대리가 없으면 일이 되지 않는다'를 문제로 보고 기획을 시작한 경우다. 어떤 쪽이든 상관없다. 무엇을 문제로 보고 시작하는지는 어디까지나 기획자의 관점이라 정답이 없다. 다만 문제를 찾은 후 바로 해결책으로 가는 것이 아니라 문제를 일으킨 문제점을 찾아야 한다는 점에서는 궤를 같이한다.

A 유형의 경우 '업무 과부하로 야근이 많아 퇴근이 늦다'라는 문제점, B 유형의 경우 '팀에 박 대리만큼 일을 하는 사람이 없다'라는 문제점이 제기되었다. 해결책은 간단하다. A 유형의 경우 박 대리의 업무를 재조정하는 것으로, B 유형의 경우 박 대리 이외 팀원의 역량을 높이는 것으로 기획의 방향을 정하면 된다.

문제 → 해결책 (X)
문제 → 문제점 → 해결책 (O)

기획의 핵심이자 문제 해결의 키는 문제점에 있다. 문제 해결의 실마리는 문제점에서 가져와야 한다. A 유형의 경우, 박 대리의 지각 문제를 해결하기 위해 해결책을 찾은 포인트는 결국 문제가 아닌 문제점이었다. 해결책의 내용이 문제를 뒤집는 '지각을 못 하게 하는 것'이 아니라, 문제점에 대응하는 방법인 '업무를 새롭게 분장하는 것'으로 전개된다는 점이다.

지각을 한다고 해서 어떻게 하면 지각을 못 하게 할지를 고민하면 답이 없다. 질문 자체가 잘못되었으므로 해결의 실마리가 보이지 않는다. '왜 박 대리가 지각을 자주 할까? 문제점(원인)이 무엇일까?'로 질문을 바꾸어야 한다.

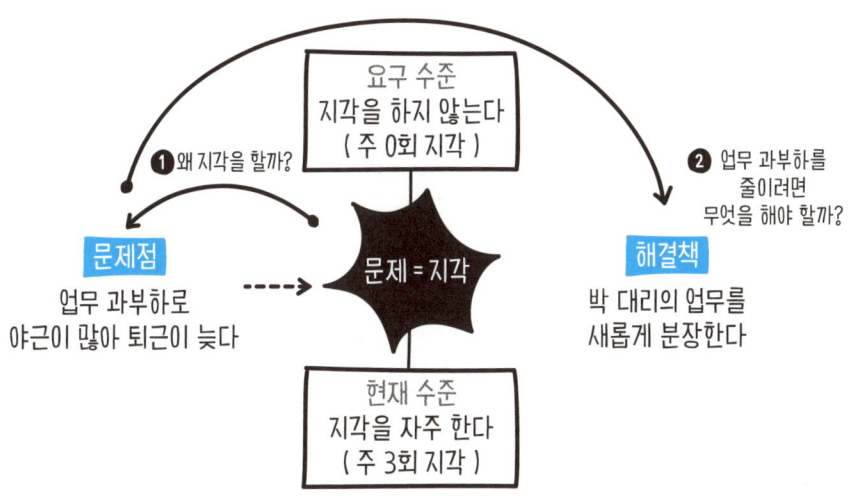

박 대리의 지각 문제를 해결하기 위한 기획의 프로세스

답은 항상 문제가 아닌 문제점에 있다. 왜라는 질문을 통해 적확한 문제점을 찾아야 제대로 된 기획이 가능하다. 항상 '무엇을 어떻게 해야 하지?'보다 '왜 이런 일이 벌어졌지?'라는 질문을 앞세워야 한다.

이해를 돕기 위해 한 가지 사례를 더 소개한다. 대한민국 국민이라면 대부분 알고 있는 모 제약 회사의 제품 광고다.

> 여자: 아 피곤해.
> 차두리: 간 때문이야~ 간 때문이야~ 피곤은 간 때문이야.
> 성우: 간 기능 장애에 의한 피로, 간이 깨끗해야 피로가 풀립니다.
> 차두리: 피로! 간! 우루사!

광고의 내용을 기획으로 바꾸어서 문제 - 문제점 - 해결책으로 정리해 보자.

우루사 광고를 기획의 프로세스로 바꾼 내용

여기서 질문 하나를 던져 본다. 위에서 해결책으로 제시된 우루사의 본질은 피로 회복제일까, 간 기능 개선제일까?

문제 해결의 키이자 핵심은 문제점에 있다는 사실을 기억해 보자. 자연스레 답이 나올 것이다. 해결책인 우루사의 본질은 문제점을 개선하거나 제거하기 위한 내용이어야 한다. 이에 따른 답은 간 기능 개선제라고 할 수 있다.

이번에는 영화 이야기를 해 본다. 조선 세조 때의 격변기를 배경으로 한 《관상》이다. 주인공 송강호는 영화의 마지막 장면에서 자신의 신세를 한탄하며 이런 말을 남긴다.

"난 사람의 얼굴을 보았을 뿐 시대의 모습을 보지 못하였소. 시시각각 변하는 파도만 본 격이지. 바람을 보아야 하는데! 파도를 만드는 것은 바람인데 말이오."

여기서 '파도'만 봤다는 것은 문제만 봤다는 뜻이고, 문제의 원인인 문제점 '바람'을 보지 못했다는 뜻으로 해석할 수 있다.

문제점 (바람) → 문제 (파도)

이 상황에서 문제점은 바람, 문제는 파도이다. 바람이 파도를 만들기 때문에 결국 파도를 멈추기 위해서는 파도에서 답을 찾는 것이 아니라, 바람을 멈추어야 한다는 것을 이야기하고 있다.

문제가 아닌 문제점에서 해결책을 찾는 것, 이것이 바로 기획의 핵심이며 본질이다. 문제 다음에 바로 해결책으로 넘어가는 것이 아니라 '왜'라는 질문을 통해 그 이면에 숨겨진 본질(문제점)을 찾아서 해결하는 것이다.

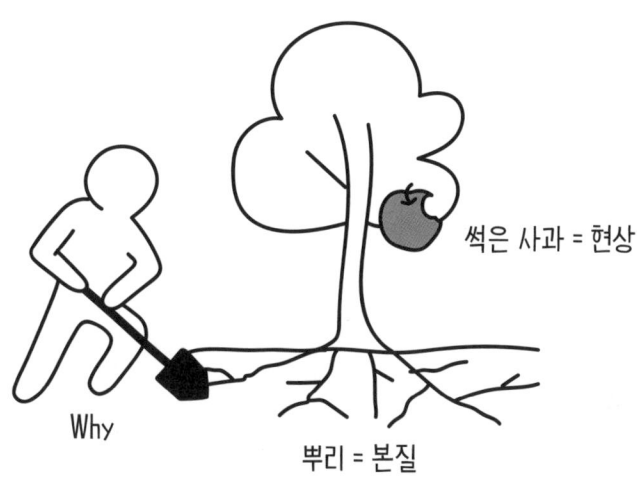

문제는 현상, 문제점은 본질

위 그림에서 겉으로 보이는 문제인 썩은 사과 하나를 제거한다고 해서 앞으로 썩은 사과가 열리지 않는 것은 아니다. 썩은 사과가 열리게 만든 근본 원인인 뿌리를 제거하거나 개선해야 다시는 썩은 사과가 열리지 않는다.

'왜'라고 물어야 현상 뒤에 숨겨진 본질이 모습을 드러낸다. Why라는 질문을 해야 현상 속에 숨어 있는 본질을 발견할 수 있다. 본질을 제거해야 비로소 제대로 된 문제 해결과 기획이 가능하다. 그래서 기획 전문가들은 문제와 문제점을 이렇게 정의하기도 한다.

문제 = 결과, 현상, 피상 vs 문제점 = 원인, 근본, 본질

《용인술》의 저자 김성회 작가가 이런 말을 한 적이 있다.

"'어떻게'라는 질문이 나오는 순간 뇌는 굳어지면서 생각을 포기한다. 시작하자마자 해결책부터 찾아내려면 뇌에 과부하가 걸리기 쉽다. 이에 앞서 '왜'라고 물어야 한다. 그러면 뇌는 스스로 답을 만들기 시작한다."

'왜'라고 물어야 문제가 아닌 문제점이 보이고, 문제점을 제대로 짚어야 좋은 기획이 될 수 있음을 보여 주는 사례 한 가지를 소개해 본다.

원주 혁신도시의 어느 회전 교차로

사진은 혁신 도시 원주에 있는 어느 교차로의 모습이다. 우리가 일반적으로 알고 있는 교차로(사거리)와는 조금 다르다. 일반적인 교차로는 사거리 형태에 신호등이 있고 차들은 신호 체계에 의해서 움직인다. 하지만 이 교차로는 신호가 없고 둥근 모양으로 되어 있다. 차들이 자율적으로 진입하고 회전하여 빠져나간다. 이런 교차로를 회전 교차로라고 한다.

일반 교차로에서 사고가 자주 발생하자 어느 기획자가 회전 교차로를 고안했다. 사고가 자주 나는데 신호를 없앤 회전 교차로가 답이 될 수 있을까? 상식적으로는 이해가 가지 않는다. 이 기획자의 머릿속으로 들어가 보자.

문제: 일반 교차로에서 사고가 많이 일어난다.
해결책: 신호를 없앤 회전 교차로를 설치한다.

과연 이 논리를 받아들일 상사나 의사 결정자가 있을까? 아마 이 기획 보고서는 쓰레기통으로 향했을 것이다. 사고가 자주 나는데 신호를 없애다니 도대체 말이 되지 않는 논리다. 그럼 이것을 논리적으로 다시 고쳐 본다. 문제와 해결책 사이에 문제점 하나를 추가하는 것이다.

문제: 일반 교차로에서 사고가 많이 일어난다.
문제점:
해결책: 신호를 없앤 회전 교차로를 설치한다.

위의 빈칸에 어떤 내용이 들어가야 논리적으로 적확한 기획이 될까?

강의 중에 이 사례를 제시하면 과속해서, 신호 위반이 많아서, 진입로가 좁아서, 신호 체계가 잘못되어서 등 별별 답이 쏟아진다. 그 어느 것을 대입해도 논리가 성립하지 않는다.

〈문제〉   〈문제점〉   〈해결책〉
사고가 자주 난다 → 신호 위반이 많아서 → 신호를 없앤 회전 교차로

특히 이 논리는 말이 되지 않는다. 신호 위반이 많은 것이 문제의 원인인 문제점이라면 신호 체계를 강화하거나 신호 위반 카메라를 설치하는 것이 적확한 논리다. 그럼 과연 이 회전 교차로 기획자의 논리는 무엇이었을까? 사고가 자주 발생하는 문제점(원인)을 무엇으로 제시했어야 신호를 없앤 회전 교차로가 적확한 논리가 될까?

정답을 공개한다.

문제: 일반 교차로에서 사고가 자주 발생한다.
문제점: 사람들이 신호에만 의지해서 운전한다.
해결책: 신호를 없앤 회전 교차로를 설치한다.

기획자가 생각한 문제의 원인, 문제점은 '사람들이 신호에만 의지해서 운전한다'였다. 사람들이 신호만 믿고 주변을 살피지 않기 때문에 사고가 자주 발생한다는 것이다. 파란불이면 앞뒤 좌우를 보지 않고 달린다. 사람이 길을 건너는 것도 신경 쓰지 않는다. 파란불은 직진이 보장되기 때문이다. 사고가 자주 나는 순간은 노란불이 들어오는 경우다. '아직 노란불이니까 가도 돼' 하고 달리는 순간 반대편에서 오는 차, 횡단보도를 건너는 보행자와 사고가 나는 것이다.

이렇게 '사람들이 신호에만 의지한다'로 문제점을 정의하니 새로운 해결책이 보인다. 신호를 없애고 회전 교차로를 만들어서 서로서로 주변을 살피고 조심할 수 있는 자율 운영 체계를 만든 것이다.

사실 이 기획 논리는 실제 사례를 바탕으로 재구성한 것이다. 2003년 네덜란드 드라흐텐Drachten의 교통 기획자 한스 몬더만Hans Monderman의 기획에서 착안한 내용이다. 그는 네덜란드 도심 한복판에서 이 기획을 실행에 옮겼고 그 결과는 놀라웠다. 신호만 보고 달리던 차들이 보행자들을 살피기 시작했고, 보행자들도 주변 교통 상황에 주의를 기울였다. 그 결과 교통사고는 9년 동안 75건에서 2건으로, 사람이 다친 경우도 17건에서 1건으로 크게 줄었다고 한다.

몬더만이 처음부터 '왜'라고 묻지 않고 '어떻게 사고율을 줄일까'를 고민했다면 이런 결과를 얻지 못했을 것이다. '왜 사고가 많이 날까?'라고 진지하게 고민하고 숨겨진 진짜 문제점(원인)을 찾았기에 아무도 생각하지 못한 기획인 회전 교차로라는 해결책이 나온 것이다.

이번에는 조금 가벼운 사례를 통해 문제점의 중요성을 이야기해 본다. 모두가 아는 동화 《토끼와 거북이》다. 이 동화에서 토끼가 거북이에게 달리기 시합에서 졌고, 토끼의 입장에서 문제가 발생했다. 이제 기획을 시작해 보자.

먼저 '왜'라고 묻는다. '토끼가 왜 졌을까?'라는 질문에 대한 첫 번째 답은 낮잠이다. 토끼는 낮잠을 자서 거북이에게 달리기 시합에서 졌고, 해결책은 낮잠을 자지 못하도록 '에너지 드링크를 먹인다'나 '전날 밤 일찍 재운다' 정도면 무난하다.

1차적인 수준에서의 문제점과 해결책

여기서 다시, 토끼가 왜 낮잠을 잤는지 알아보자. 문제점의 문제점을 탐색해서 깊이를 더하는 것이다. 토끼는 절대 지지 않을 것이라는 자만심 때문에 낮잠을 잤다. 자만심이 숨겨진 문제점이었다. 여기서 기획을 풀어 보면 해결책은 자만심을 제거하는 방향으로 가야 한다. 승리의 의미를 강조하거나 해병대 캠프에 보내서 정신 교육을 시킬 수도 있다. 해결책의 방향이 달라지는 것이다.

▶ 토끼가 졌다. 문제가 생겼다. 어떻게 해결할 것인가

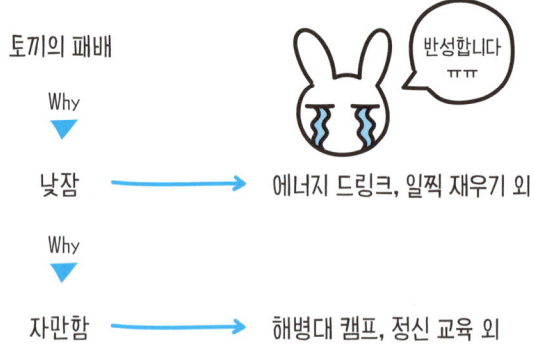

2차적인 수준에서의 문제점과 해결책

이제 마지막 질문이다. 토끼가 왜 자만했을까? 여러 가지 답이 가능하겠지만, 여기서는 '경기장이 육지였기 때문'이라고 가정해 보겠다. 한마디로, 토끼에게 절대적으로 유리한 조건이었다. 그래서 자만했고, 낮잠을 잤으며, 결국 거북이에게 패배했다.

▶ 토끼가 졌다. 문제가 생겼다. 어떻게 해결할 것인가

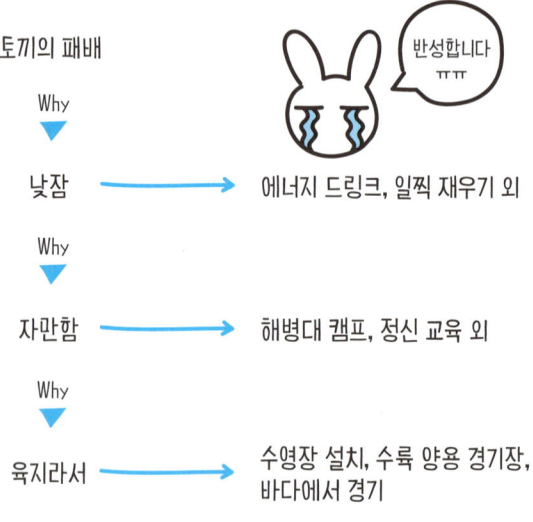

3차적인 수준에서의 문제점과 해결책

그럼 경기장이 육지라는 문제점을 해결하는 방법은 무엇일까? 예를 들어 경기장 곳곳에 수영장을 설치하거나 수륙 양용 경기장에서 경기할 수도 있다. 극단적으로는 바다에서 경기해 볼 수도 있지 않을까? 그럼 아마 거북이가 낮잠을 잘 수도 있으니까 말이다.

물론 어디까지나 상상 속의 이야기이고 허구일 뿐이다. 하지만 토끼의 이야기를 통해 전하고자 하는 메시지는 중요하다. 문제에 집중하지 말고 문제점에 집중하자는 것이다. 나아가 문제점의 문제점, 또다시 문제점의 문제점을 파고들면 정말 깊은 곳에 숨겨진 진짜 문제점을 찾아서 창의적인 해결책을 마련하게 될지도 모른다.

가끔 상사가 이런 요청을 해 올 때가 있다.

"무엇인가 새로운 것 좀 없어?"
"창의적인 기획 좀 해 와 봐."

그런 상사의 요청에 고민은 깊어진다.

'어떻게 창의적인 것을 해?'
'새로운 것이 무엇이 있지?'

그 전에 자신에게 질문해 보기 바란다. 나는 어떤 문제에 대해서 문제점을 얼마나 심도 있게 고민해 봤는가?

문제점의 문제점, 그 속의 문제점까지 파악해 보려는 노력만으로 해결책의 깊이나 방향은 충분히 달라지고 새로워질 수 있다. 이제 문제 상황 앞에서 질문을 바꿔 보자. 지속해서 '왜, 왜, 왜'라고 묻는 습관을 지니자. 문제점의 깊이가 달라질 것이다. 문제점의 깊이가 달라지면 해결책이 달라지고 기획이 달라진다. 이것이 바로 창의성의 본질이다.

마지막으로 이번 장을 정리하는 의미에서 아래 내용을 채워 보기 바란다. 아래 표에서 문제점에 알맞은 내용을 선택지에서 찾아보자. 정답에 확신이 없거나 정답이 궁금하다면 이번 장의 처음으로 돌아가서 다시 읽는 수고를 아끼지 말기 바란다. 별도의 정답은 공개하지 않을 테니까 말이다.

다음 중 B에 들어갈 말을 맞게 고르면?

문제	문제점	선택지
A	B	결과, 근본
A	B	현상, 본질
A	B	후後, 선先
A	B	우루사, 간, 피곤
A	B	파도, 바람
A	B	아내, 식중독, 과음

문제와 문제점 구분하기 실습

3. 첫 번째 질문을 '무엇'이 아닌 '왜'로 바꾸자

지금까지 이야기한 내용을 짚어 보면서 기획의 프로세스를 정리해 보자. 앞서 개선형 기획의 핵심 프로세스가 문제 → 해결이 아닌 문제 → 문제점 → 해결책이며 문제점이 문제 해결의 본질이자 기획의 키라고 설명했다.

"김 주임! 다문화 가정의 조속한 적응을 위한 대책안에 관해서 보고서 좀 써 와 봐."

앞으로 누군가가 이렇게 기획을 지시한다면 아래 그림의 왼쪽이 아니라 오른쪽처럼 대응하리라 믿어 의심치 않는다.

다문화 가정의 사회 문제에 대한 기획 시작 방법

먼저 '왜'라는 질문을 통해 문제점을 찾자. 문제점이 파악되면 해결책은 의외로 쉽게 도출된다. 문제점을 제거하거나 개선하는 방향으로 풀어내면 되기 때문이다.

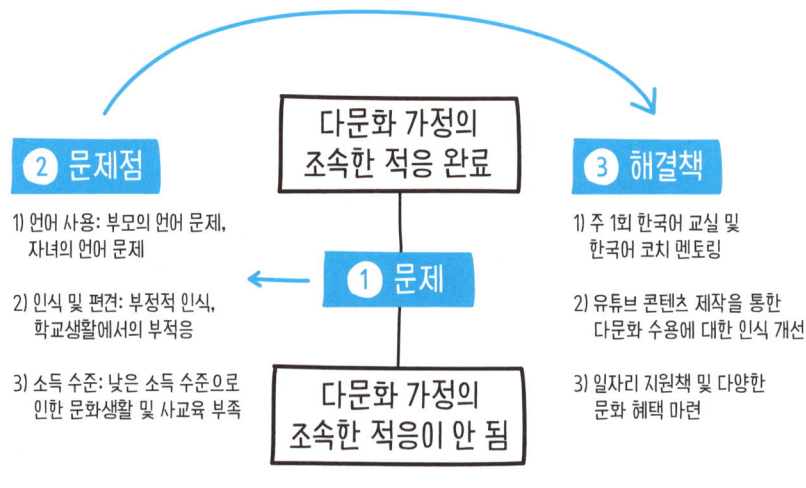

다문화 가정의 사회 문제에 대한 기획의 전개

이제 문제 – 문제점 – 해결책의 프로세스가 머릿속에 익고 문제점 도출의 중요성을 조금씩 인지하였을 것으로 생각한다.

이제 마지막으로 가 본다. 이번 장을 시작하면서 굳이 프로세스를 외울 필요가 없다고 설명했다. 다시 그 프로세스를 꺼내 보자.

문제 파악 → 원인 분석 → 문제점 도출 → 과제 설정 → 실행 계획

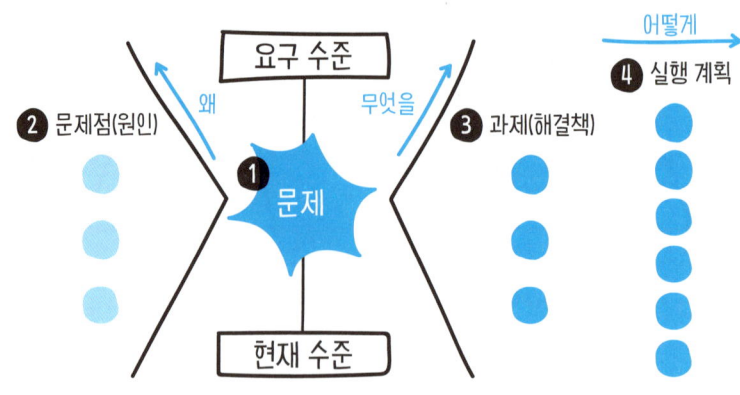

기획의 프로세스 개념도

문제를 파악했다면 원인 분석을 통해 제약 조건과 문제점을 분리하고 문제점을 도출한다. 그리고 문제점을 제거하거나 개선하는 방향으로 과제(해결책)를 도출하고 마지막으로 과제를 실현 가능한 형태의 실행 계획으로 세분화 및 구체화하면 된다.

마지막으로 한 가지 개념을 더 정리하며 기획에 대한 이야기를 마무리한다. 바로 기획 보고서를 쓸 때 사람들이 가장 어려워하는 '현황과 문제점'에 대한 이야기다.

앞서 문제와 문제점의 관계를 설명하면서 문제점이 문제를 만든 원인이라는 인과관계 논리를 설명한 바 있다. 쉽게 말해 문제점이 원인이고 문제가 결과이다.

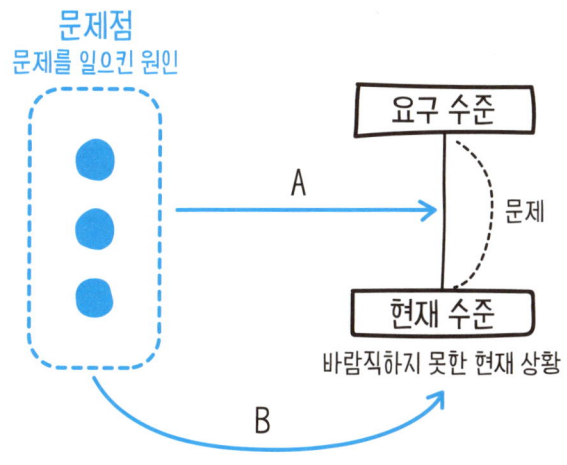

문제점 → 문제 와 문제점 → 현황은 결국 같은 개념

이때 문제가 발생했다는 것은 결국 좋지 못한 현재 상태, 즉 현황이 만들어졌다는 것과 뜻을 같이한다. 위의 그림에서 A와 B는 결국 같은 의미다.

요구 수준은 실제 벌어진 일은 아니고 내 머릿속에만 있는, 보이지 않는 개념이다. 단지 현재 수준을 문제로 인식하기 위해 꺼낸 가상의 개념이다. 실제 존재하는 것은 문제점과 현황밖에 없다. 결론적으로 문제라는 것은 결국 현황이라는 말로 대체가 된다.

정확하게 말하면 같은 의미는 아니지만, 쉽게 이해하기 위해 현황을 문제라고 이해하면 정리가 쉽다.

이해를 돕기 위해 앞서 설명한 장염 사례로 돌아가 본다.

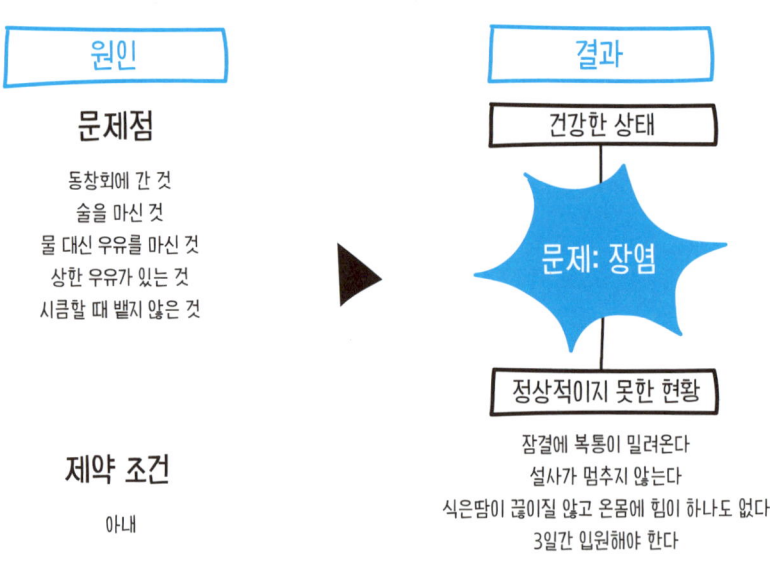

장염 사례를 통해 본 문제점, 문제, 현황의 관계

왼쪽에 있는 문제점들이 문제(장염)를 만들었다는 의미는 결국 문제점들이 현황(복통, 설사, 식은땀, 힘이 없음, 3일간 입원 등)을 만들었다는 것과 같은 의미라고 할 수 있다. 그래서 지금부터는 아래와 같이 조작적으로 정의한다.

문제 = 현황

기획 보고서를 쓸 때 한 가지가 더 명확해졌다. 현황에는 현재 수준이나 좋지 못한 현재 상태, 좀 더 추가한다면 현재 상태가 미칠 수 있는 부정적인 결과(3일간 입원) 등을 쓰는 것이고, 문제점에는 현황을 만든 원인에 해당하는 내용을 쓰면 된다.

현황: 객관적인 현재 수준, 좋지 못한 상태, 이로 인해 발생할 부정적인 결과
문제점: 현황을 만든 원인

보고서의 목차가 문제점이라고 해서 여기에 문제가 되는 상황이나 부정적인 결과, 안 좋은 내용 등을 써서는 안 된다. 그런 내용은 현황에 쓰고 문제점에는 반드시 그 현황을 만든 원인에 해당하는 내용을 쓴다. 문제점이라고 쓰고 속으로는 원인이라고 읽어야 한다.

예를 들어 모 신도시의 도로교통과 과장이 A 지역에서 교통 체증이 심각하다는 문제를 파악했다. 이때 현황에 기재할 수 있는 내용은 아래와 같은 것들이다.

□ 현황
· 신도시 전체 교통 수준 대비 A 지역 교통 체증이 심각한 수준
  * 타 지역 평균 소요 시간(10분) 대비 A 지역의 평균 소요 시간은 30분
· 교통 체증으로 인한 사회적 경제적 손실과 주민들의 불편 증가
· 관련 민원 증대로 인한 행정 능력 마비 및 A 지역의 경제 발전 저해 요소로서의 가능성 제기

반면 문제점에는 현황을 만든 원인을 분석해서 기재한다. 논문, 인터뷰, 전문가 의견, 현장 조사, 관찰 등을 통해 교통 체증이 심화되는 원인에 해당하는 개념을 작성하면 된다.

□ 문제점
· 버스 노선 제약 및 택시 기피 현상 등 대중교통 이용 제약으로 자가용 이용자 수 급증
  * 2020 교통조사 결과 보고서, '19년(23%) → '20년(34%)

- 비좁은 도로(왕복 4차선 도로) 및 교통신호 체계의 비효율성으로 교통 정체 심화
    * 직진 신호 20초, 좌회전 신호 5초로 시청 방향 차량 정체 심화
- 아파트 단지 공사로 인한 공사 차량 유입 및 차선 방해 등
    * 현 공사 종료('20년 12월 예정) 이후에도 아파트 단지 공사 지속 예정

정리하면 현황에는 현재 수준, 좋지 못한 상태, 현재 상태가 미칠 부정적인 결과 등을 쓰고, 문제점에는 현황을 일으킨 원인에 해당하는 내용을 쓴다. 한마디로 현황은 결과, 문제점은 원인이라는 인과관계 논리로 이해하면 앞으로 현황 및 문제점을 작성할 때 더 이상의 고민은 사치라고 생각한다.

PART 2

구상력

PART 2에서는 본격적으로 보고서에 대해 이야기한다. 물론 기획이 좋으면 별도의 보고서가 필요하지 않은 경우도 있지만, 생각을 '말'로 표현하기에는 한계가 있기에 '글'로 정리된 보고서가 필요하다. 또한 한 명이 아니라 여러 사람과 커뮤니케이션을 하거나 관련 내용을 공유할 때 보고서는 절대적인 역할을 한다.

좋은 보고서의 조건에는 여러 가지가 있지만 그중에서도 가장 중요한 것은 읽히는 흐름이다. 아무리 수려한 문장과 시각적인 표현력을 갖춘 보고서라고 해도 전체 흐름이 엉성하고 연결되지 않으면 좋은 보고서라고 할 수 없다. 첫 줄에 눈을 대는 순간부터 끝까지 물 흐르듯 연결된 흐름이 있어야 한다.

영화에 비유하면 영상미가 뛰어난 영화보다 전체 스토리가 탄탄한 영화가 좋은 영화이며, 건물에 비유하면 외관이 아름다운 건물보다 튼튼한 철골구조를 갖춘 건물이 더 좋은 건물이라고 할 수 있는 것과 같다. 영화에서의 스토리, 건물에서의 철골구조와 같은 역할을 하는 것이 보고서의 '구상력'이다. 보고서의 시작부터 끝까지 탄탄한 구조를 짜는 능력이자 연결된 흐름을 만들고 목차를 결정하는 능력이다.

설득은 수많은 정보나 근거가 모였다고 해서 이루어지지 않는다. 그 정보들이 유기적으로 연결되어 하나의 결론으로 집중되고 있을 때 가능하다. 짜깁기한 것처럼 순서가 탁탁 막히고 불필요한 중복이 많으며 스토리가 없는 보고서는 읽기가 힘들다. 상대방을 불편하게 할 뿐만 아니라 설득까지 가는 길도 언감생심이다. 이렇게 작성된 보고서 앞에서 상사가 할 수 있는 말은 하나밖에 없다.

"지금 나보고 이걸 읽으라고 가져온 거냐?"

장면 장면이 뛰어나고 영상미를 갖춘 영화라고 할지라도 스토리가 빈약하거나 중간중간 내용이 끊기면 끝까지 보기 힘들다. 구조가 없거나 읽히는 흐름이 없는 보고서도 마찬가지다. 읽는 사람이 '순서가 이상하네', '무엇인가 빠진 것 같은데' 하고 생각하는 순간 설득은 먼 나라 이웃 나라 이야기가 된다.

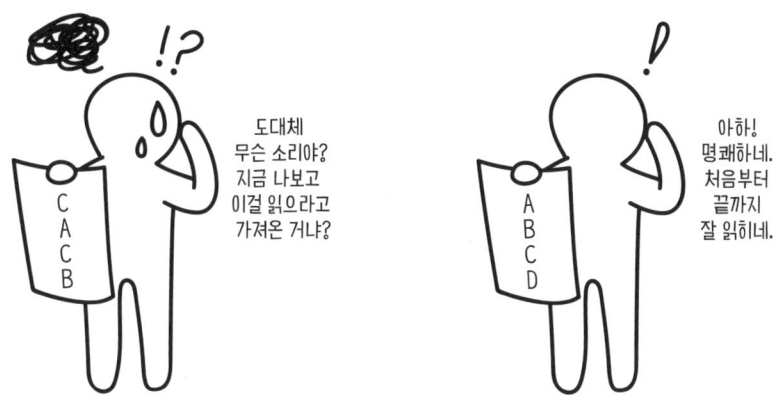

흐름이 있어야 읽히고, 읽혀야 설득이 시작된다

보고서는 여러 장의 문서가 합쳐진 결과물이다. 전체를 구성하는 한 장 한 장의 문서가 모두 중요하다. 어느 한 곳도 소홀할 수 없다. 하지만 그보다 중요한 것은 문서 한 장 한 장이 보이지 않는 끈에 의해 연결된 것처럼 매끄럽게 이어져야 한다는 점이다. 100페이지든, 10페이지든, 1페이지든 읽히는 흐름이 있어야 끝까지 읽을 수 있다. 상대방이 읽기 시작해야 설득이 되고, 결국 선택받는 보고서가 될 수 있다.

이번 장의 내용을 통해 과연 읽히는 보고서란 어떤 보고서이며 그동안 아무렇지 않게 썼던 보고서의 목차에는 어떤 의미가 숨어 있는지 확인할 수 있을 것이다. 내가 쓰는 보고서가 점점 읽히는 보고서로 변해가는 순간을 경험하게 될 것이다.

CHAPTER 4
기획 보고서의 스토리

기획 보고서를 '왜' 쓰는지에 대해 생각해 본 사람은 많지 않을 것이다. 누가 시켜서 쓰거나 써야 하니까 쓰는 경우가 대부분이다. 하지만 보고서를 쓰는 이유를 생각해 보는 것만으로 좋은 보고서 작성의 시작을 할 수 있다.

"그럼, 기획 보고서를 왜 쓸까?"

강의 중에 같은 질문을 해 보면 교육생들의 대답은 크게 '실행하기 위해서 쓴다' 또는 '설득하기 위해 쓴다'로 나뉜다. 물론 둘 다 맞는 말이다.

기획의 내용을 보고서로 정리하는 이유는 어떤 일이나 과제를 실행하기 위함이다. 하지만 그 전에 상사나 의사 결정자를 설득하지 못한다면 실행은 언감생심이며 보고서가 갈 곳은 휴지통밖에 없다. 그런 의미에서 보고서 작성의 1차 목적은 설득이라고 할 수 있다. 물론 실행을 전제로 써야 하지만, 설득이 우선되어야 한다. 여기에 포커스를 맞추어야 좋은 보고서를 쓸 수 있다.

기획 보고서 작성의 목적
- 1차 목적: 설득
- 2차 목적: 실행

이제 기획 보고서 작성의 목적이 정해졌다. 그럼 다시 질문 하나를 추가한다.

"누군가를 설득하기 위해서는 어떻게 하면 될까?"

이 질문에 답하는 것으로 기획 보고서 작성의 긴 여정이 시작된다.

1. 3W 1H, 명분에서 시작해서 실리로 끝낸다

기획 보고서는 상대방을 설득하기 위해 쓴다. 단순한 아이디어나 정리되지 않은 생각으로는 상대방을 설득하기 쉽지 않다. 설득에 필요한 논리를 갖춰서 접근해야 한다. 이때 설득에 필요한 논리이자 흐름을 '스토리'라고 한다. 사람에 따라 뼈대, 얼개, 틀 등으로 부르기도 하지만 이 책에서는 스토리라고 부르기로 한다.

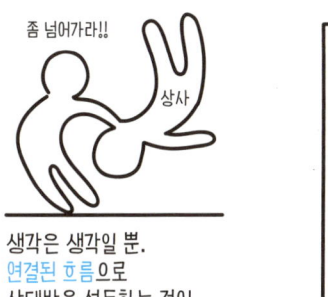
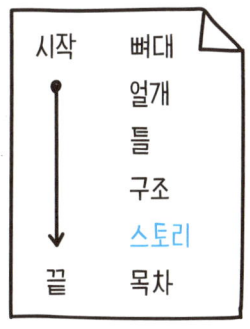

보고서의 큰 흐름, 스토리

상대방을 설득하기 위해서는 우선 상대방이 궁금해하는 것에 답을 해야 한다. 상대방이 궁금해할 만한 질문에 착착 답하는 것으로 설득이 시작된다. 그렇다면, 기획 보고서에서 상대방이 궁금해하는 것은 무엇일까? 여러 가지가 있겠지만 크게 네 가지로 볼 수 있다.

상대방이 궁금해하는 것이 보고서의 목차

위 질문에 답하는 순서가 기획 보고서의 큰 흐름이자 목차가 된다.

1. 왜 하는 것이냐면….
2. 무엇을 할 것이냐면….
3. 어떻게 할 것이냐면….
4. 그래서 무엇이 좋아지냐면….

크게 4단계로 기획 보고서의 흐름을 결정하면 전체 틀을 짜는 데 무리가 없다. 물론 세부적인 목차는 기획의 성격이나 유형에 따라 달라지겠지만, Why 왜 – What 무엇 – How 어떻게 – So What 그래서 무엇의 3W 1H로 기획 보고서의 큰 틀을 짜면 충분하다.

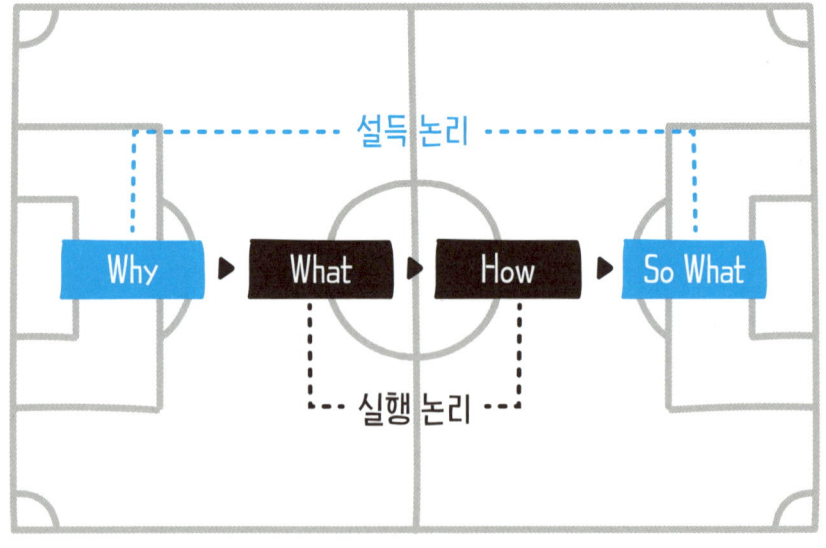

3W 1H와 축구의 상관관계

이를 축구 경기의 전술에 비유하면 Why는 수비수, What은 미드필더, How는 공격수에 해당한다. Why는 반대 논리로 무장해서 나를 공격해 오는 상사를 방어하기 위한 명분을 만든다. What과 How는 골을 넣기 위해 움직이는 선수들과 같이 기획을 실행으로 옮기는 역할을 담당한다.

마지막으로 So What은 목표 및 기대 효과에 해당하는 내용으로, 기획서에 방점을 찍는다. '그것을 하면 무엇이 좋아지는데?'라는 상사의 질문에 '이러한 목표가 있고, 이러한 기대 효과가 예상되니까 꼭 해야 합니다'라고 강력하게 못을 박는 한 방이다. 축구로 치면 최전방 스트라이커에 해당한다.

위 4가지 단계에서 굳이 Why, So What과 What, How의 색을 두 가지로 달리 표현한 이유는 보고서에서 담당하는 역할이 다르기 때문이다. Why와 So What은 보고서에서 주로 설득 논리를 담당한다. 상대방으로 하여금 보고서의 내용을 보고 '아하, 해야겠구나' 하는 생각을 끌어내는 역할을 한다. 반면 What과 How는 실행 논리를 담당한다. '진짜 가능해? 할 수 있어?'에 대한 상대방의 의구심에 답하는 역할을 한다.

이때 설득 논리는 의사 결정자가 중요하게 생각하는 논리이며 실행 논리는 실무자가 중요하게 생각하는 논리이다. 의사 결정자는 실행에 관련된 What과 How도 중요하게 생각하지만, 그것보다는 이것을 '왜' 해야 하고, '그래서' 조직이나 고객들에게 어떤 이익을 줄 수 있는지를 좀 더 궁금해한다. 그래서 이 부분이 제대로 작성되지 않은 보고서는 의사 결정자의 마음을 움직이기 쉽지 않다. 상대적으로 설득력이 떨어진다.

반면 실무자가 강한 영역은 What과 How다. 과제가 무엇이고 과제를 어떻게 세분화·구체화하여 얼마의 예산으로 언제까지 하겠다는 내용을 풀어내는 부분이다. 이 영역은 말 그대로 기획이 통과되어 실행될 때 필요한 내용이다. 보고서에서 실행에 대한 의지와 확신을 보여 주는 역할을 한다. 그래서 이 부분이 명확하게 작성되지 않으면 상대방에게 '이것을 진짜 할 수 있을까?'라는 의문을 남길 수 있다.

이를 좀 더 구체적인 흐름으로 정리하면 아래와 같은 내용이 된다.

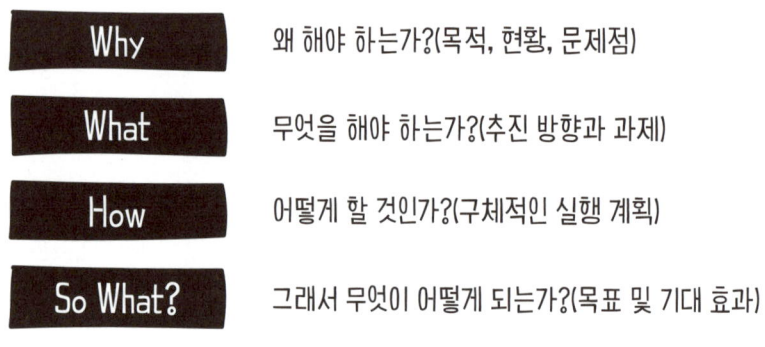

기획 보고서의 구체적인 흐름

Why 왜 해야 하는가

'제가 지금 이러한 문제를 파악했는데, 매우 중요하고 시급해서 해결이 필요합니다. 현재 상황은 이러한 수준입니다. 다른 곳(기관, 국가)과 비교하면 상황이 좋지 않습니다. 그냥 두면 문제가 더 심각해질 수 있습니다. 이런 현황을 만든 문제점은 세 가지입니다.'

What 무엇을 해야 하는가

'추진 방향은 이러하며, 이러한 방향 하에 핵심 과제로 세 가지를 제시합니다. 이 과제들을 통해 문제점을 제거하거나 개선할 수 있습니다.'

How 어떻게 해야 하는가

'이를 좀 더 구체적으로 세분화한 추진 계획은 이러한 내용이며, 추진 체계(조직)는 이렇게 갖출 예정입니다. 담당자는 이렇고, 일정과 예산은 이렇습니다. 기타 홍보 및 성과 관리는 이렇게 할 예정입니다.'

So What 그래서 무엇이 어떻게 되는가

'이 기획을 실행해야 하는 이유는 이러한 목표를 달성하기 위해서입니다. 또한 다양한 긍정적인 이익(기대 효과)을 만들어 낼 수 있습니다.'

좋은 보고서는 4개의 큰 흐름이 착착 연결되면서 각자의 역할에 충실하게 쓰여야 한다. 그중 상대적으로 더 중요한 부분을 꼽으라면 개인적으로 Why와 So What을 꼽고 싶다. 그런 의미에서 기획 보고서를 한 방에 통과하게 하고 싶다면 아래 메시지를 기억해 주기 바란다.

'좋은 보고서는 명분(Why)에서 시작해서 실리(So What)로 끝난다.'

2. 가장 보편적이고 타당한 설득 논리, 3W 1H

Why – What – How – So What의 4단계 흐름은 여러 전문가의 생각과 궤를 같이 한다. 물론 순서나 용어는 조금씩 상이하지만, 본질적인 의미나 기본적인 방향은 같다. 몇 가지 사례를 살펴보자.

《기획서 작성법》의 저자 방누수 교수는 기획 사고를 Why – What – How의 3단계 구조로 설명한다.

기획 사고의 3단계 구조	기획서의 설명 방식
첫째, Why Tree(일에 대한 명분과 이유) - 내가 도달하고자 하는 궁극적인 목적지 - 내가 처한 현상을 파악하는 부분 - 앞선 상황 차이로 인해 발생한 문제 - 문제 미해결 시 발생할 수 있는 상황	'제가 원하는 것이 이러한데, 현재 상황(현재 내 모습)은 그렇지 않군요. 본 기획은 이와 같은 차이, 즉 이러저러한 문제를 해결하여 제가 원하는 모습을 만들고자 함입니다.'
둘째, What Tree (일을 올바르게 진행하기 위한 방향과 범위) - 문제를 일으킨 원인 - 원인을 제거하기 위한 과제(목표)	'왜 이런 문제가 발생했을까요? 그 이유(원인)를 살펴보니 내·외적으로 이러저러한 것들이었습니다. 저는 제가 원하는 것을 얻기 위해서는 앞선 원인들을 해결해야만 했고, 그것들을 해결하기 위해서 이러저러한 일들을 하고자 합니다.'
셋째, How Tree(목표를 달성하기 위해 해야 할 구체적인 실행 방법) - 실행 전략(콘셉트 또는 슬로건) - 세부 실행 방안	'이를 구체적으로 말씀드리면 첫째…, 둘째…, 셋째… 방식으로 일을 진행할 계획입니다.'

방누수 교수의 Why – What – How

공무원 역량 평가 분야의 대가 박종필은 저서 《고수의 보고법》에서 기획 보고서를 크게 네 개의 생각 덩어리로 정리해서 설명한다.

박종필, Why 1 - Why 2 - How - What

교육과학사에서 나온 《정책 기획 보고서 작성법》에서는 정책의 흐름과 보고서의 체계를 아래와 같이 정리한다.

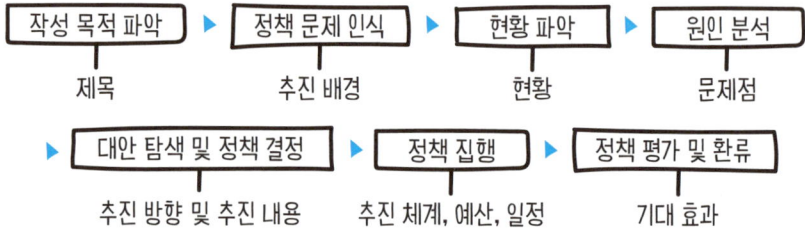

교육과학사, 7단계 프로세스

마지막으로 기획 보고서의 흐름을 가장 간결하게 정리한 박소연의 《일 잘하는 사람은 단순하게 합니다》에서는 Why – What – How – Expectation의 4단계로 보고서 구조를 설명하고 있다.

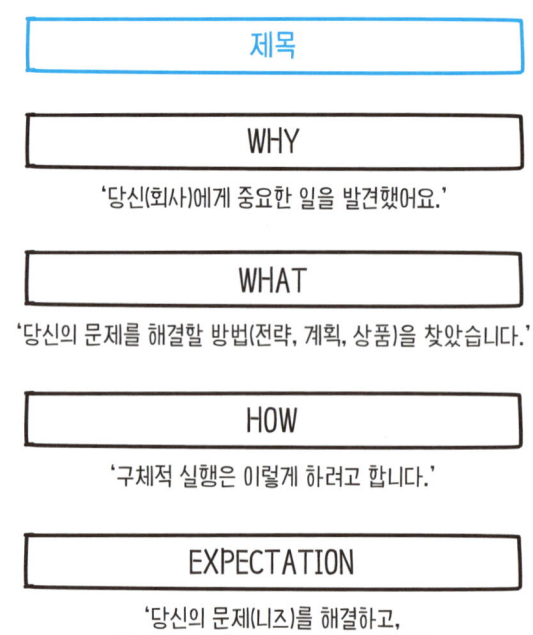

박소연, Why – What – How – Expectation

물론 이 흐름이 100% 정답은 아니다. 무조건 이대로 기획 보고서를 써야 한다는 뜻도 아니다. 상황에 따라 목차 구성이나 순서를 바꾸는 것도 가능하다. 하지만 많은 전문가가 위와 같이 기획 보고서의 흐름을 정리하는 데에는 그만한 이유가 있다. 가장 상식적이고 사람을 설득하는 데 최적화된 흐름이기 때문이다.

3. 기획 보고서 목차 구성

상대방이 궁금해하는 내용에 답하는 순서가 상대방을 설득하는 핵심 절차이자 기획 보고서의 큰 흐름이라고 설명했다. 또한 여러 전문가의 의견을 통해 이를 확인했다.

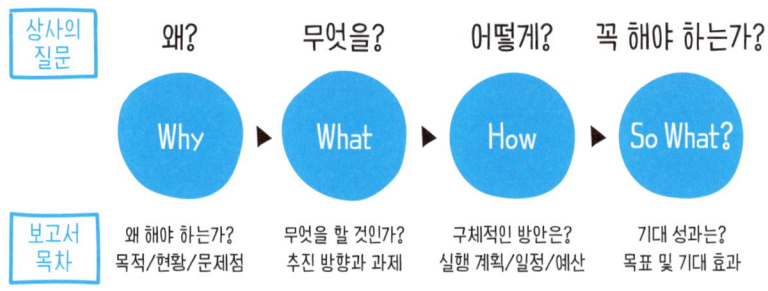

결국 기획 보고서는 Why – What – How – So What의 4단계

이 큰 흐름에서 기획 보고서의 세부 목차는 아래와 같이 정리할 수 있다. 많은 공무원 조직과 공공기관에서 채택하고 있는 기획 보고서의 표준 양식이다.

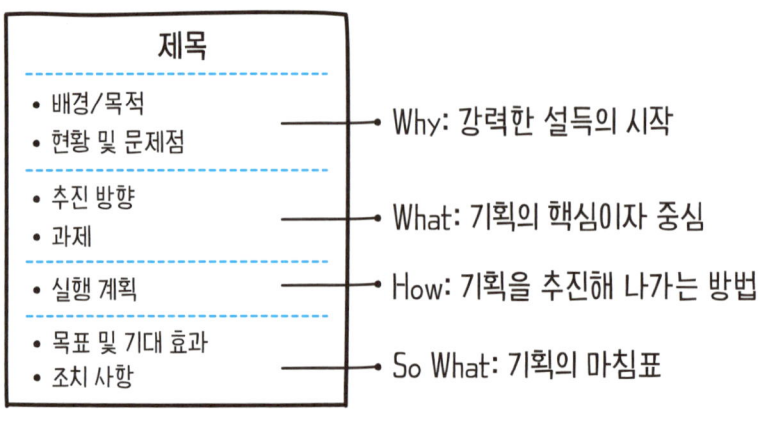

공무원 기획 보고서 표준 양식

Why 단계는 보고서의 도입부로서 보고서 작성의 목적 및 필요성을 언급하는 부분이다. 보통 배경이라는 목차로 쓰는데 경우에 따라 추진 배경 또는 목적으로 쓰기도 한다. 현황에는 현재 직면한 상황과 수준, 이로 인한 부정적인 결과를 비롯하여 향후 끼칠 영향까지 작성한다. 마지막으로 이런 현황을 만든 원인에 해당하는 개념, 문제점을 제시하는 것으로 마무리된다. 때로, 문제점이 자명한 경우에는 문제점을 생략하고 작성하기도 한다.

What 단계는 보고서의 본론이자 핵심으로, 문제 해결을 위한 방향과 구체적인 추진 과제를 제시한다. 추진 방향은 추진 전략이라는 개념으로 쓰기도 한다. 기획의 사안이 큰 경우 비전 및 전략 체계 등의 큰 그림을 제시하기도 한다. 과제라는 목차 대신 대안, 정책, 방안 등으로 쓸 수도 있다.

How 단계는 앞서 제시한 과제를 어떻게 실행에 옮길 것인가에 대한 내용이다. 세부적인 업무 계획과 예산, 조직, 일정을 제시한다. 경우에 따라 과제 수행 시 발생할 수 있는 장애 요인과 이에 대한 대응 방안을 쓰기도 한다. 필요하다면 홍보 방안 및 성과 관리 계획 등을 쓸 수도 있다.

So What은 보고서의 마무리 단계로 목표를 현실적이고 명확하게 기술해야 한다. 기획의 실행을 통해 만들어 갈 긍정적인 영향력을 정리하여 기대 효과로 표명하기도 한다. 타 부서의 협조나 규정, 제도 등이 필요한 경우 협조 사항, 행정 사항 등을 쓰기도 한다.

이렇게 해서 기획 보고서의 큰 흐름과 세부적인 목차에 대해서 개략적으로 알아보았다. 상세한 내용은 다음 장에서 알아보기로 한다.

CHAPTER 5
기획 보고서의 세부 내용

기획 보고서의 개략적인 흐름을 이해했다면 이번 장에서는 기획 보고서의 세부적인 목차에 대해 알아본다. 보고서의 목차가 가지는 정확한 의미와 각 목차에 어떤 내용을 어떻게 써야 하는지에 대한 방법을 설명한다.

'뭐, 대충 다 알고 있는데.'
'그냥 단어 그대로 아니야?'

이렇게 생각할 수 있지만, 여기서 머무르면 안 된다. 목차의 개념을 정확하게 이해해야 기획 보고서를 제대로 쓸 수 있다.

아마 지금까지 보고서의 목차가 '배경', '현황 및 문제점', '추진 방향 및 과제' 등의 순서로 구성되어 있는지 생각해 보지 않았을 것이다. 전임자가 쓴 보고서, 작년에 썼던 보고서의 목차를 그대로 복사해서 내용만 바꾸어 쓰는 경우가 많기 때문이다. 하지만 목차가 가지는 의미나 각각의 목차에 써야 하는 내용을 정확하게 알고 쓴다면 보고서는 좀 더 체계적으로 정리되고 내용은 매끄럽게 흘러갈 것이다.

국내 최고 기업인 ○○전자의 업무 매뉴얼을 보면 이런 내용이 나온다.

한 조직의 용어를 통일하는 것은
그 구성원의 사고와 행동을 하나로 하는 데
매우 중요한 역할을 합니다.

하나의 조직에서 같은 용어를 같은 의미로 이해하는 것의 중요성을 강조하고 있다.

사람은 누구나 자신의 지식과 경험을 기준으로 판단한다. 같은 단어나 개념을 접하더라도 받아들이는 의미는 각기 다르다. 물론 다양성이라는 측면에서 보면 바람직한 현상이다.

하지만 보고서 세계에서는 허용되지 않는다. 보고서 목차 항목에 대해 정확한 합의가 이루어지지 않으면 보고를 한 사람과 보고를 받은 사람이 서로 다르게 해석할 수 있기 때문이다.

서로 간에 오해가 없도록, 그리고 정확하게 보고서를 쓸 수 있도록 지금부터는 보고서 목차의 의미와 각각의 자리에 어떤 내용이 들어가야 하는지 알아보도록 하자.

1. 목적 vs 목표, 목적과 목표의 동상이몽

두 단어를 보는 순간 무엇이 다르냐고 생각할지도 모르겠다. 대부분 크게 구분하지 않고 혼용하는 경우가 많기 때문이다. 하지만 목적과 목표라는 단어의 의미에는 차이가 있다. 그 미묘한 차이를 이해해야 보고서를 쓸 때 좀 더 정확하게 쓸 수 있다.

"우리가 이 자리에 모인 목적은 팀 단합과 소통을 위함이며, 5년 후 회사의 비전을 만드는 것이 오늘 워크숍의 목표입니다."

위 문장에서 '목적은 ○○입니다'라고 하는 것은 그 일을 해야 하는 이유를 말한다. 반면 '목표는 ○○입니다'라고 말하는 것은 달성해야 하는 결과이자 수준을 의미한다. 즉, 목적은 이유 또는 의도 등을 의미하는 단어이며, 목표는 최종 결과 또는 달성해야 할 수준을 의미하는 단어이다.

예를 들어 퇴근 후에 기타를 배우는 사람이 있다고 하자. 이때 이 사람이 기타를 배우는 이유는 '삶의 에너지를 얻기 위해', '다른 사람들과 어울리기 위해', '음악을 제대로 배우고 싶어서' 등이다. 이것이 기타를 배우는 목적이다.

반면 목표는 '일주일 안에 기타 코드 20개 외우기', '1년 안에 100곡 완주하기', '5년 후에 기타 마스터 되기', '10년 안에 기타 연주회 개최하기' 등이다.

기타 배우기의 목적: 삶의 에너지, 사람과의 관계, 음악 배우기
기타 배우기의 목표: 코드 20개 외우기, 100곡 완주, 기타 마스터, 연주회 개최

가끔 목적을 이야기할 때 '방향성'이라고 말하는 사람이 있다. 하지만 목적은 방향성이 아닌 시작점이다. 어떤 일을 시작해야 하는 이유이자 필요성이기 때문이다. 그럼 기획에서 '방향성'에 해당하는 개념은 무엇일까? 기획에서의 방향성은 전략이라고 표현한다. 일을 하는 데 있어 지향해야 할 방향성이자 과제들을 하나로 묶는 상위 개념이다.

목적: 일의 시작점, 필요성, 일을 해야 하는 이유
전략: 일의 추진 방향, 과제들의 상위 개념

본래 전략이라는 개념은 전쟁에서 사용하던 용어로, 이와 대비되는 개념으로 전술이라는 용어가 있다. 전략이 상위, 전술이 하위 개념이다. 이를 보고서에 적용하면 전략이 상위, 과제가 하위 개념이라고 생각하면 쉽다.

신혼부부의 집들이를 예시로 설명해 본다. 평소 존경하는 선배 부부가 집에 놀러 오기로 했다. 그들을 만족시키기 위한 준비에 여념이 없다. 마트에 가서 장을 본다. 이때 나의 쇼핑 전략은 '프리미엄 쇼핑 전략'이 된다. 쇼핑의 큰 방향성이 세워졌다. 마트에서 최고급 식자재, 프리미엄 한우, 해외 수입 상품 등을 장바구니에 담는다. 이를 보고서 내용으로 정리하면 아래와 같다.

목적: 선배 부부의 만족도 극대화
전략: 프리미엄 쇼핑 전략
과제: 최고급 식자재, 프리미엄 한우, 해외 수입 상품

반대로 평소 싫어하는 꼰대 부장이 안 와도 되는데 굳이 집에 오겠다고 한다. 이때 나의 목적은 효율적인 집들이다. 말이 좋아 효율이지 대충 끝내고 싶다는 이야기다. 역시 마트에 간다. 이번엔 '가성비 쇼핑 전략'이다. 1+1 상품, 최저가 상품, 이름 없는 브랜드 상품을 산다. 이것으로 성이 차지 않는다면 마트 계산대 옆쪽에 유통기한이 다 되어가는 시들시들한 야채를 사서 샤부샤부를 해 주는 것도 가능하다. 이를 다시 보고서로 정리하면 아래와 같다.

목적: 효율적인 집들이
전략: 가성비 쇼핑 전략
과제: 1+1 상품, 최저가 상품, 이름 없는 브랜드 상품

이제 목표에 대한 이야기로 넘어간다. 목표는 어떤 일의 최종 결과물로서 정확하게는 '기간+수준'으로 쓴다. '언제까지'라는 기간이 생략된 목표는 구체적이지 못하고 모호하다. '나 10kg 뺄 거야'라고 말하는 사람이 있다면 듣는 사람 입장에서는 '언제? 지금? 10년 안에? 죽기 전에는 가능한가?'라고 생각할 수 있다.

목표는 기간과 수준으로 쓰는 것이 가장 좋다. 언제까지 어느 수준으로 달성하겠다고 수치로 표현해야 오해가 없고 정확하다. 게다가 명확한 목표가 제시된 보고서에서는 왠지 모르게 힘이 느껴지기도 한다.

예를 들어 전통 시장 활성화에 대해 보고서를 쓴다고 가정하면 아래와 같이 목표를 설정할 수 있다.

- 전통 시장 방문객 수 500명/월 증가
- 전통 시장 매출 상승률 전년 대비 10% 달성
- 2019년 내 전통 시장 청년 일자리 50개 창출

만약 위 내용에서 기간과 수준을 생략하고 '청년 일자리 창출 증대'라고만 썼다면 내용이 모호하고 정확하게 무엇을 달성하겠다는 것인지 불분명하여 상대방의 신뢰를 얻지 못할 수 있다. 수치를 제시하는 것은 일종의 자신감 표현이기도 하다. 이런 자신감이 상대방에게 신뢰를 주며 설득에도 도움이 된다는 것은 두말하면 잔소리다.

목표를 꼭 한 가지로 작성할 필요는 없다. 단기, 중기, 장기 등으로 기간별 목표를 제시해도 되고, 부문이나 과제별로 목표를 제시하기도 한다.

○ 정책 목표
- 청년 고용 창출 증대를 총 3단계로 구분하여 최종 목표를 전체 고용 대비 20%로 하며, 고용노동부 주관으로 평가·관리

(단위: 만 명)

구분	정착화 단계		안정화 단계		고도화 단계	
	2016	2017	2018	2019	2020	2021
청년 고용	22,312	23,423	25,821	34,232	40,239	43,232
전체 고용 대비 (%)	12%	14%	15%	16%	18%	20%

단계적으로 목표를 작성한 예시

4 과제별 성과목표

정책 영역	추진과제	핵심 성과지표	'17 →	'22
1. 균등하고 공정한 교육기회 보장	1-1. 특수교육기관 확충 및 설립 다양화	· 특수학교 수(교)	174	196
		· 특수학급 수(학급)	10,325	11,575
	1-2. 특수교육교원 증원 및 전문성 제고	· 특수교육 교원의 핵심 영역 등 연수 인원(누계, 명)	4,053	25,000
	1-3. 정당한 교육편의 제공 강화	· 유급 특수교육 보조인력 수(명)	8,101	8,351
2. 통합교육 및 특수교육 지원 내실화	2-1. 통합교육 지원체제 강화	· 통합교육 담당교원 특수교육 관련 연수 이수율(%)	81.7	90
	2-2. 교육과정 운영 내실화	· 문화예술·체육 거점 교육기관 수(기관)	40	80
	2-3. 장애정도를 고려한 맞춤 지원 내실화	· 중도·중복장애 학급 교육여건 개선(교)	신규	75
	2-4. 교원의 통합교육 지원 역량 강화	· 장애유형별 거점지원센터 시·청각장애 전문인력 수(명)	신규	50

과제별로 목표를 작성한 예시
교육부의 제5차 특수교육발전 5개년 계획, 2017년 12월

목표에 관해 이야기할 때 목표는 반드시 정량적이거나 수치화해야 한다고 생각하는 사람이 있다. 물론 목표는 정량적이고 수치화된 형태가 좋다. 정량적으로 작성된 목표는 측정과 관리가 가능하며 달성 여부에 대한 평가가 용이하다. 하지만 꼭 정량적으로 작성할 필요는 없다. 특히 목표 그 자체를 수치라고 오해해서도 안 된다. 앞서 기타 배우기의 사례처럼 기타 100곡 완주도 목표가 되지만, 기타 마스터 되기나 연주회 개최 등도 목표로서 충분히 가치가 있다.

목표를 '해야 할 일', '과제' 등으로 알고 있는 사람도 있는데, 이는 바로잡을 필요가 있다. 앞서 설명한 것처럼 과제는 목표 달성을 위해 해야 할 일들이다. 과제를 통해 목표를 달성한다는 표현이 좀 더 정확하다.

앞서 설명한 목적의 개념을 더해 목표, 과제와의 관계를 아래와 같이 정리해 본다.

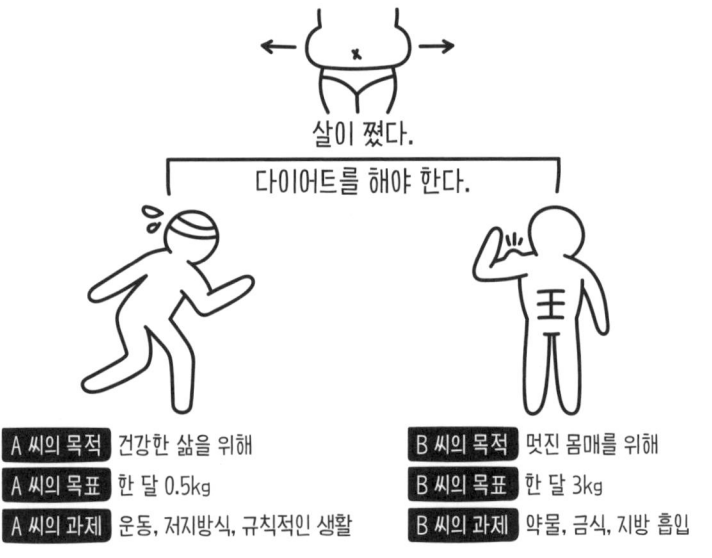

목적, 목표, 과제의 쓰임 예시

A 씨와 B 씨는 똑같이 살이 쪄서 다이어트를 해야 하는 상황이다. 하지만 둘의 목적이 조금 다르다. A 씨는 건강한 삶을 위해서 살을 빼야 하고, B 씨는 당장 다음 달에 호

텔 수영장을 갈 일이 있어 아름다운 바디 라인을 만들어야 한다.

목적이 다르니 둘의 목표도 달라진다. A 씨는 한 달에 0.5kg씩 빼는 것으로도 충분하지만 B 씨는 상황이 다르다. 당장 한 달 안에 3kg을 빼야 한다.

목표를 달성하기 위해 해야 하는 과제는 어떨까? A 씨는 건강하게 살을 빼기 위해 저지방식, 규칙적인 운동과 생활 등이 목표 달성을 위한 과제가 된다. 반면 B 씨는 약물이나 금식, 과도한 운동 혹은 지방 흡입까지 생각해야 할 판이다.

마지막으로, 이번 장에서 설명한 목적, 전략, 목표, 과제의 관계를 한 장의 그림으로 도식화하여 아래 왼쪽과 같이 정리했다. 이를 다시 보고서 목차로 풀어내면 오른쪽과 같이 정리할 수 있다.

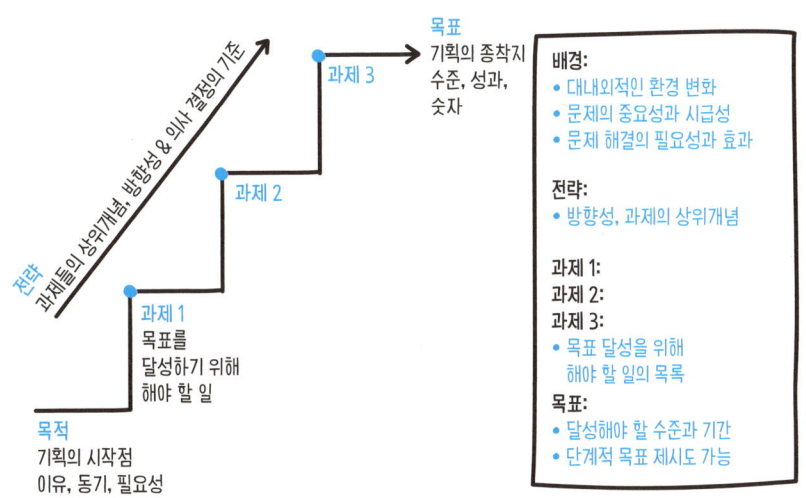

목적, 목표, 전략, 과제의 상관관계

이때, 보고서 목차에서 '목적'이라고 하지 않고 대부분 '배경'이라고 쓰는 이유는 배경이 목적을 포함하는 좀 더 넓은 의미이기 때문이다. '배경'에서는 지금 어떤 문제가 있으며 그 문제의 중요성과 시급성, 해결의 필요성을 보여 준다. 대내외적인 환경 변화를 언급하는 것도 가능하다. 문제가 발생했다는 것은 대부분 어떤 변화에 의해서 생기는 경우가 많기 때문이다. 예를 들어 4차산업, 저출산, 고령화 등의 외부적인 측면이나 새로운 세대의 조직 유입, 업무 프로세스, 시스템, 환경 등의 내부적인 측면에서의 변화를 언급하는 것이다.

다음 보고서의 내용을 보면 주류 수입 증가세에 비해 주류 산업의 경쟁력이 떨어지고 있어 주류과세 개편 및 산업 전반의 규제 개선이 필요함을 강조하고 있다. 현재 이러한 문제가 있으니 이런 해결책이 필요하다는 당위성을 강조하는 방향으로 보고서의 배경을 풀어내고 있다.

기획재정부의 주류 규제 개선 방안, 2020년 5월

I. 추진 배경

◇ 규제 개선을 통해 주류 산업 경쟁력 강화 및 국민 편의 제고

□ 과거 주류 행정의 기본 방향이 '주세*의 관리·징수'에 있었다면, 이제는 '주류 산업의 경쟁력 강화' 지원 기능도 중시될 필요

　* 국세 중 주세 비중(%) : ('70) 5.9 ('80) 5.5 ('90) 3.8 ('00) 2.4 ('10) 1.3 ('18) 0.9

○ 최근 국내 주류시장은 성장세가 정체*되어 있음에도 불구하고 주류 수입은 증가**하고 있어 국내 주류산업의 경쟁력 제고 필요

　* '14~18년 국내 주류시장 연평균 성장률(출고량 기준) : △0.5%
　** '14~18년 연평균 출고량 증감률 : (국산) △2.5% (수입) 24.4%

< 최근 5년('14~'18) 주류 출고량 및 세수 >

구 분	출고량(천㎘)			세수(억원)		
	국내	수입	계	국내	수입	계
'14	3,808	207	4,015	27,261	3,665	30,926
'15	3,804	270	4,074	28,117	4,161	32,278
'16	3,680	315	3,995	27,904	4,471	32,375
'17	3,551	423	3,975	27,664	5,089	32,754
'18	3,436	495	3,931	26,794	5,490	32,285
연평균증가율(%)	△2.5	24.4	△0.5	△0.4	10.6	1.1

□ 정부는 주류 과세체계 개편*에 이어 제조, 유통, 판매 등 주류 산업 전반의 규제 개선을 통해 주류 산업 성장을 뒷받침할 계획

　* 맥주와 탁주에 대한 주세 과세체계를 종가세에서 종량세로 전환('20.1)

○ 또한, 실제 주류 소비 패턴*과 규제 사이의 간극을 완화하여 소비자들의 편의 제고

　* 주류 배달을 이용한 홈술·혼술 확대, 다양한 맛의 주류 선호 등

해양수산부의 수출입 물류 스마트화 추진 방안, 2020년 2월

I. 추진배경

□ **(물류 환경의 변화)** 온라인 무역이 급증함에 따라, 이를 뒷받침하기 위한 4차 산업혁명 기술 기반의 물류 효율화가 함께 진행 중

* '19년 중국 광군제(11.11) 하루 알리바바의 매출액 약 **44조원**(배송 물량 약 **13억 건**) → **빅데이터, AI 기반 소비 예측**으로 **사전 배송**(중국 24시간, 해외 72시간 이내 목표)

○ 실시간 물류 현황 정보를 제공하거나 과거 실적 등 축적된 데이터를 분석하는 등 물류 데이터를 활용한 다양한 서비스 등장

* 최적 운송 서비스 매칭 및 실시간 화물 운송현황 정보 제공(Flexport 社, 미국)

□ **(주요국의 물류 스마트화)** 해외 선진 국가들은 기존의 설비 자동화·지능화에 더해 물류 인프라 전체의 연계 효율화와 디지털화 추진

○ 독일(함부르크항), 네덜란드(로테르담항), 미국(롱비치항) 등 세계 주요 항만들은 이미 자동화 항만 운영 중

○ 싱가포르, 네덜란드 등은 물류 인프라 간 연계, 물류 디지털화를 중점 추진하며 물류 비용감소와 부가가치 창출에 성공

* 로테르담항은 선박-항만-육상 물류의 관련 데이터가 실시간 공유되는 **통합 항만 커뮤니티 시스템**을 통해 연간 약 3,200억원 규모의 비용 절감

□ **(우리의 현주소)** 우리나라는 높은 무역의존도에도 불구, 수출입 물류 경쟁력은 뒤쳐져 있어 국가 정책적 노력이 요구됨

* 우리나라 **무역의존도**는 **70.4%**(G20국가 중 수출의존도 3위, 수입의존도 4위)로 높으나 전 세계 167개국 중 **수출입 물류 경쟁력 25위**에 불과(World Bank, '18년 기준)

○ 우리나라 대표 항만인 부산항의 경우도 세계 최고 수준에 비해 스마트화 정도가 절반 수준으로 평가되는 등 개선 대책이 시급

* 「4차 산업혁명시대 항만물류 산업 고도화 방안 연구」(KMI, '17.12)

⇨ 우리나라 수출입 물량의 99.7%를 담당하는 해상물류를 중심으로 종합적인 수출입 물류 효율화 방안 추진 필요

https://www.korea.kr/archive/expDocView.do?docId=39008

왼쪽 보고서의 경우, 세 가지 □ 항목에서 각각 환경 변화, 상대적인 비교, 문제의식의 순서로 배경을 작성했다. 환경 분석 프레임 중에 고객Customer, 경쟁사Competitor, 자사Company라는 3C 분석 방법을 적용했고, 하늘색 박스에 기획의 필요성을 언급하는 것으로 배경을 마무리했다.

이를 풀어서 이야기하면 '세상(고객)은 이렇게 변하고 있고 선진국에서는 이러한 활동을 하고 있는데 그에 비해 현재 우리나라의 수준은 낮다. 이러한 문제가 있으니 해결이 필요하며 이를 통해 어떤 성과를 달성하겠다'라는 흐름으로 연결된다.

이런 복잡한 보고서 외에 간단한 업무 개선 보고서를 보면 두세 문장 정도로 문제의식과 문제 해결의 필요성을 언급하는 것도 가능하다. 이 두 가지 내용만 언급하는 것으로도 보고서를 쓴 목적과 상대방이 읽어야 하는 이유를 설명하기에 충분하다.

A 시 축산 폐기물 수거 개선 방안

○ 추진 배경

- 지난 5년간 의식 개선 및 장비 보급을 통해 축산 폐기물 수거를 위해 많은 노력을 해왔으나, 현재 축산 폐기물이 방치되는 현상이 지속됨

- 현재 A 시의 축산 폐기물 수거율은 전국 최저이며, 이에 따라 일부 전문가들이 축산 폐기물 수거 정책 실효성에 의문을 제기하고 있음

배경을 간략하게 작성한 예시 1

```
┌─────────────────────────────────────────────┐
│      직장 내 어린이집의 안정적 운영을 위한        │
│           신규 원아 확충 방안                  │
├─────────────────────────────────────────────┤
│  ○ 추진 배경                                  │
│                                             │
│   • A 도청 사옥에는 직원들의 일과 가정의 양립을 위해 │
│     '13년 이후 사옥 내에 직장 어린이집을 개원하여 운영 중임 │
│                                             │
│   • 안정적·지속적 운영을 위해서는 매년 적정 규모의 신규 원아가 │
│     입소해야 하는데, 최근 3년간 신규 원아 수와 전체 현원 모두 감소함 │
│                                             │
│                    •                        │
│                    •                        │
│                    •                        │
│                                             │
└─────────────────────────────────────────────┘
```

배경을 간략하게 작성한 예시 2

보고서를 작성할 때 사람들이 가장 어려워하는 것 중 하나가 '배경'과 '현황'을 구분하는 것이다. 간단하게 이야기하면 배경에는 문제의식과 문제 해결의 필요성을 적고, 현황에는 문제의 현재 수준을 구체적인 근거(통계, 현황, 숫자 등)를 통해 기술하면 된다.

아래 보고서는 '추진 배경 및 목적'이라는 대목차 하에 '추진 배경'과 '목적'을 구분하여 작성하였다. 물론 내용 파악에는 문제가 없으나 두 가지 포인트만 수정하면 더 좋은 흐름을 만들 수 있다.

```
┌─────────────────────────────────────────────┐
│  □ 추진 배경 및 목적                           │
│    ○ 추진 배경                                │
│      - 보험회사의 이의신청·심판청구 접수 급증으로 인한 심판청구 처리지연 및 미결 건 적체 심화 │
│      - 현재('19. 5. 23 기준) 심판청구 누적 미결 건은 약 4.2천 건으로 최근 3년간 지속 증가 중임 │
│        ※ '15년 미결 건 (2천 건) → '18년 미결 건 (3.4천 건) → '19년 미결 건 (4.2천 건)으로 지속적 증가 │
│                                             │
│    ○ 목적                                    │
│      - 심판청구 누적 미결 건 해소를 통한 업무 효율성 및 고객 만족도 제고 │
│      - 심판청구 접수 건 신속 처리로 효율적 사후 심사관리 체계 구축 │
└─────────────────────────────────────────────┘
```

배경과 현황을 섞어서 작성한 예시

첫째, 굳이 추진 배경과 목적을 나누어서 하위 목차를 복잡하게 할 필요는 없다. 특히 짧은 보고서의 경우라면 '배경'이라는 목차 하나로 쓰는 것이 더 간결한 표현이다. 둘째, 구체적인 수치 정보는 배경이 아닌 현황에 기재하는 것이 좀 더 자연스러운 흐름이다. 이 두 가지 수정 사항을 반영하여 아래와 같이 고쳐 쓴다.

◻ **추진 배경**
- 보험회사의 이의신청·심판청구 접수 급증으로 인한 심판청구 처리지연 및 미결 건 적체 심화
- 심판청구 누적미결 건 해소를 통한 업무 효율성 및 고객 만족도 제고
- 심판청구 접수 건 신속 처리로 효율적 사후 심사관리 체계 구축

◻ **현황**
- 현재('19. 5. 23 기준) 심판청구 누적 미결 건은 약 4.2천 건으로 최근 3년간 지속 증가 중임
  ※ '15년 미결 건 (2천 건) → '18년 미결 건 (3.4천 건) → '19년 미결 건 (4.2천 건)으로 지속적 증가

배경과 현황을 구분하여 작성한 예시

2. 보고서의 몸통, 현황 - 문제점 - 과제 - 실행 계획

본격적인 설명에 앞서 문제와 문제점부터 다시 시작해 보자. 문제는 현재 수준과 요구 수준과의 차이이며, 문제점은 문제가 발생한 원인 중에 해결 가능한 원인이라고 설명했다. 또한 문제라는 말은 잘못된 현재 수준인 '현황'과 같은 의미라고 설명하며 문제점과 현황의 관계를 인과관계로 정리한 바 있다.

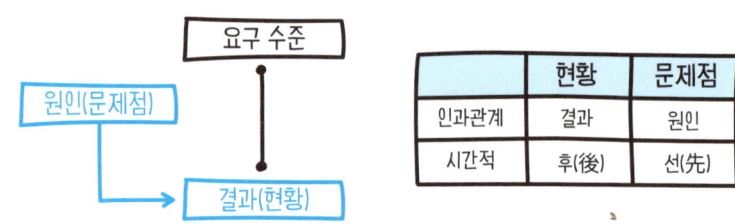

현황과 문제점의 개념 정리

먼저 현황에 대해 이야기해 본다. 현황에는 좋지 않은 현재 상태를 근거와 함께 쓰면 된다. 이때 비교를 통해 현재 수준의 심각성을 강조할 수 있으며 그것이 끼칠 부정적인 영향이나 결과를 제시함으로써 현재 수준이 심각하다는 것을 인식시키면 된다.

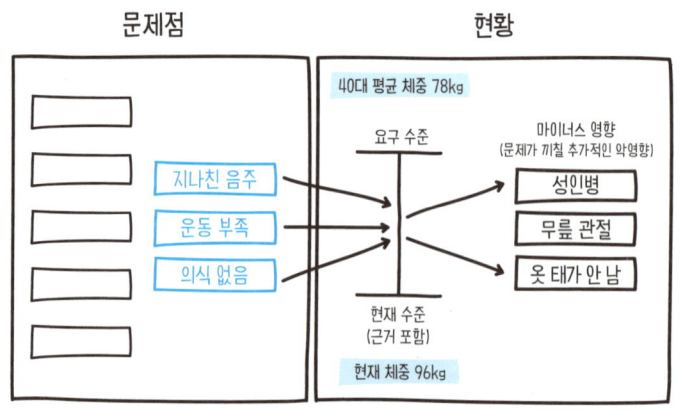

현황과 문제점에 제시해야 하는 내용

왼쪽 예시에서 현재 과체중이라는 것을 증명하기 위해 96kg이라는 정확한 수치를 기재하였다. 막연하게 과체중이라고 하면 상대방은 '아닌데, 살찐 것처럼 보이지 않는데' 또는 '팩트 맞아?'라고 생각할 수 있기 때문에 정확한 수치로 뒷받침해 주었다. 이때 40대 평균 체중인 78kg과의 비교를 통해 현재 수준의 심각성을 보여 줄 수 있다.

또한 문제를 해결하지 않을 경우 추가로 벌어질 수 있는 부정적인 영향력을 함께 언급하면 좋다. 이것을 전문용어로 마이너스 영향력이라고 한다. 성인병에 걸릴 위험이 커지거나, 무릎 관절에 무리가 갈 수 있거나, 옷 태가 별로일 수 있다 등으로 제시하면 된다.

현황을 제대로 작성하기 위해서는 문헌 자료, 통계 자료, 연구 결과, 전문가 의견, 관련자 인터뷰 등을 통해 객관적이고 정확하게 상황을 파악해야 한다. 필요한 경우 철저한 현장 조사를 통해 내용을 확인하는 것이 좋다. 어떤 문제든 자료나 통계만 가지고 판단하기에는 한계가 있다. 현장에서 시민이나 고객들의 목소리도 듣고 직접 관찰하고 경험한 결과를 현실감 있게 작성할 필요가 있다.

간혹 현황에 구체적인 근거를 생략하고 의견만 제시하는 경우도 있는데, 이때 상대방 입장에서 할 수 있는 말은 이 말밖에 없다.

"그것은 네 생각이고."
"팩트 체크해 봤어?"

이러한 말을 피할 수 있는 가장 확실한 방법이 구체적인 통계를 제시하여 객관성을 확보하는 것이다. 이때 자료의 출처를 밝히면 신뢰성까지 더해져 설득력이 커질 수 있다.

현황 및 문제점
- 공단 인근 거주 청년들의 월세 부담금이 높아 청년 세입자들이 생활고를 겪고 있음
  * 53% 이상의 청년들이 월 40만 원의 부담, 市 내 타지역 대비 (▲24.5%)

현황 = 구체적인 근거와 함께 제시

> **II. 현황**
> - 쓰레기 처리장 기계 B의 노후화로 인해 처리율이 떨어지고 있음
>   - 용인 지역 기계 A의 분당 처리 속도: 100t/분, B: 70t/분
>   * 2019년 OO부 쓰레기 처리장 실태 연구 조사 보고서

현황 = 구체적인 근거 + 출처로 제시

다음은 현황과 짝을 지어 작성하는 문제점이다. 앞서 문제점은 현황을 만든 원인에 대한 내용으로 쓴다고 여러 차례 강조했다. 문제점을 원인이라고 하지 않고 굳이 문제점이라고 한 이유를 추정해 보면 문제를 일으킨 지점이라는 뜻이기도 하고, 문제를 일으킨 원인이기도 하지만 결국 내가 진짜로 해결해야 할 문제이기도 하기 때문이다. 이런 중의적인 의미와 중요성을 담아서 문제점이라고 한다.

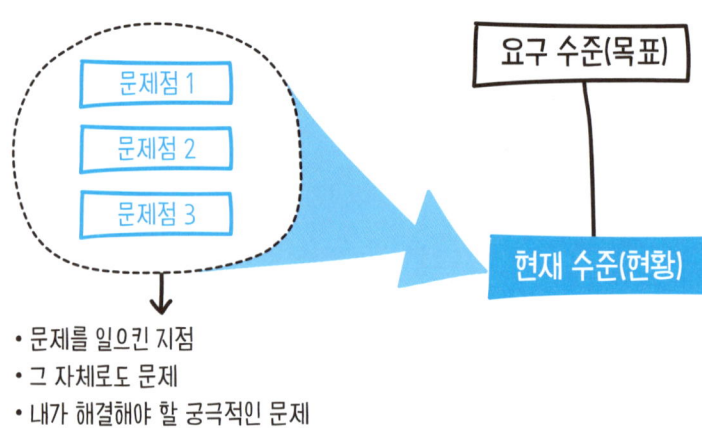

문제점이 문제점인 이유

다시 한번 강조하지만 보고서 목차가 문제점이라고 해서 문제 상황이나 그것이 미치는 영향을 적는 경우가 있는데, 그런 내용은 현황에 작성해야 한다. 문제점에는 반드시 문제를 일으킨 원인에 해당하는 내용을 적는다.

그렇다면 문제점을 제대로 분석한다는 의미는 무엇일까? 여기서 '제대로'에는 '넓게' 그리고 '깊게'의 두 가지 의미가 포함되어 있다. 한마디로 압정 모양처럼 접근해야 한다는 뜻이다.

넓게 본다는 의미는 문제를 일으킨 원인을 다각적인 관점에서 전체적으로 조망한다는 뜻이다.

예를 들어, 어느 의류 매장의 매출이 하락하고 있다. 현재 매출이 작년보다 심각하게 떨어져 매출 하락을 일으킨 문제점을 찾아야 한다. 현황을 만든 문제점을 다각적이고 종합적이며 균형 잡힌 시각으로 분석해야 한다.

문제점은 넓고 깊게 분석한다

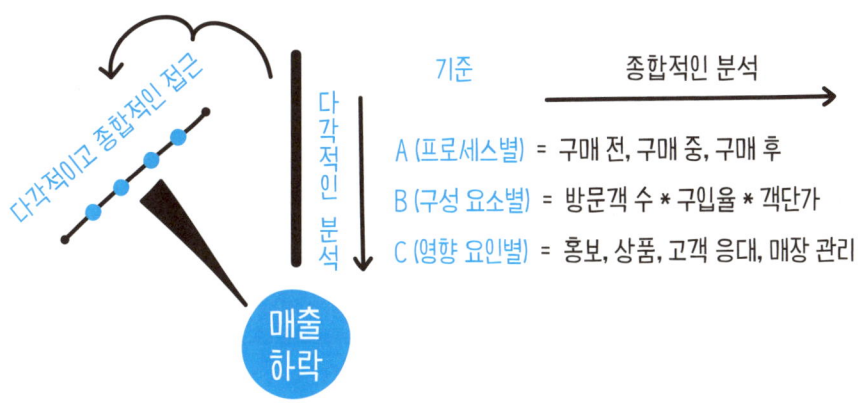

다각적, 종합적으로 문제점을 분석한다

다각적이라는 것은 어떤 기준을 가지고 분석하느냐에 따라 다양한 분석이 가능하다는 뜻이다. 위의 예시에서 A 기획자는 고객의 구매 '프로세스'를 기준으로 분석했다. 반면 B는 매출을 구성하는 '구성 요소'로 문제점을 분석했고, C는 매출에 영향을 끼치는 '요인'을 기준으로 분석했다. 이때 이 기준이 바로 기획자의 관점이라고 할 수 있다. 기획자가 어떤 관점을 가지고 문제점을 분석하는지에 따라 기획의 방향이 결정되고 내용이 구성된다.

이 중 A의 기획을 살펴보자. A는 고객의 구매 프로세스 관점에서 문제점을 분석했다. 이때 보고서의 문제점란에는 큰 틀로 구매 전, 중, 후라는 분석 기준을 제시하고 세부적인 내용이나 분석 결과를 하위에 작성하면 된다.

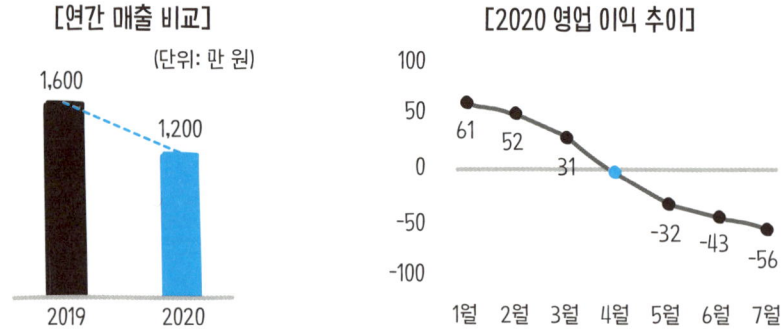

종합적, 균형적인 시각으로 문제점 분석

이제 깊이 있는 분석으로 넘어가 본다. 깊이 있는 분석은 말 그대로 문제점 분석을 1차적인 수준에서 끝내는 것이 아니라 2차, 3차인 수준까지 하는 것을 의미한다.

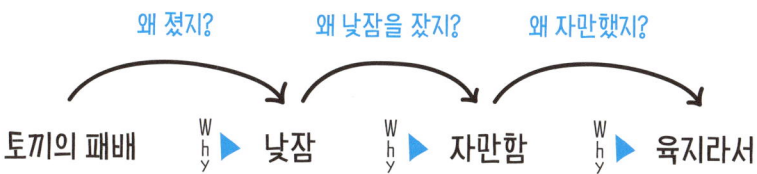

토끼의 패배에 대한 깊이 있는 문제점 분석

앞서 토끼의 패배라는 상황에서 문제점을 어느 깊이에서 분석하느냐에 따라 해결의 방향이 달라진다고 설명한 바 있다. 이처럼 문제점을 피상적인 수준에서 분석하는 데에서 그치는 것이 아니라 문제점의 문제점, 다시 그 문제점의 문제점까지 깊이 있게 분석해 보는 노력이 기획의 수준을 결정하고 창의적인 해결책을 떠올리는 방법이 되기도 한다.

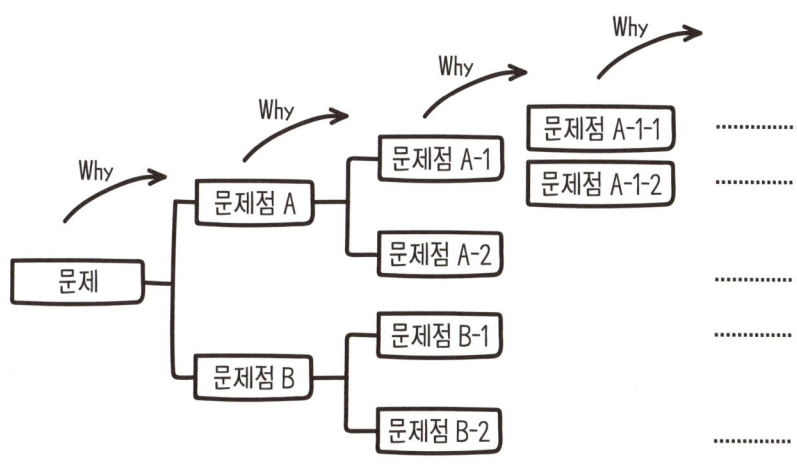

5 Why와 로직 트리를 활용한 문제점 분석

이때 활용해 볼 수 있는 기법이 5 Why라는 기법과 로직 트리라는 기법이다. 5 Why 기법은 '왜?'라고 다섯 번을 물어야 문제의 근본 원인을 찾을 수 있다는 뜻이다. 로직 트리는 우리말로 논리 나무라는 뜻인데, 나무 모양으로 체계적이고 깊이 있게 문제의 원인을 분석해 내는 것을 의미한다. 이미 잘 알려진 방법이기에 자세한 설명은 생략하고 예시만 들어 보겠다.

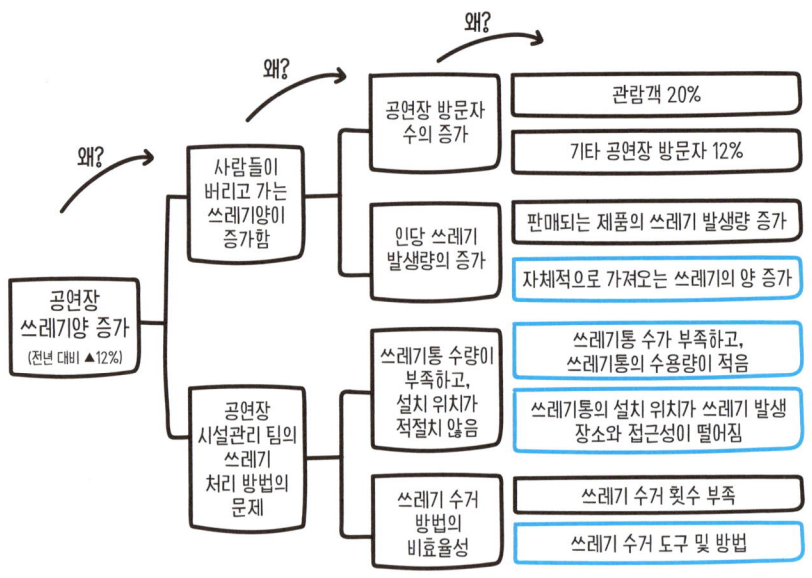

공연장 쓰레기 증가에 대한 문제점 분석 프로세스

한 공연장에 갑자기 쓰레기가 증가해서 문제 해결을 위한 기획을 해야 한다. 이때 기획자의 머리는 '어떻게 쓰레기를 줄일까?'가 아니라 '왜 쓰레기양이 증가했을까?'에 꽂혀야 한다. 첫 번째 질문을 '왜'로 시작해야 문제를 일으킨 문제점을 찾고, 여기서부터 기획이 시작된다.

'왜'라는 질문을 통해 일차적으로 사람들이 버리고 가는 쓰레기의 양이 증가했고 쓰레기 처리 방식에도 문제가 있다는 것을 확인했다. 이때 좀 더 깊이 있는 분석을 위해 기획자는 다시 한번 '왜' 하고 묻는다. 이렇게 '왜'라는 질문을 통해 문제점의 문제점, 다시 그 문제점의 문제점을 탐색해 나가다 보면 실제로 공연장의 쓰레기가 증가한 근본적인 문제점을 찾을 수 있다.

이제 현황과 문제점을 보고서에 기술하는 방법에 대해서 알아본다. 통상적으로 세 가지 방법이 활용된다. 다른 방법도 있겠지만, 가장 보편적으로 활용되는 것들이다.

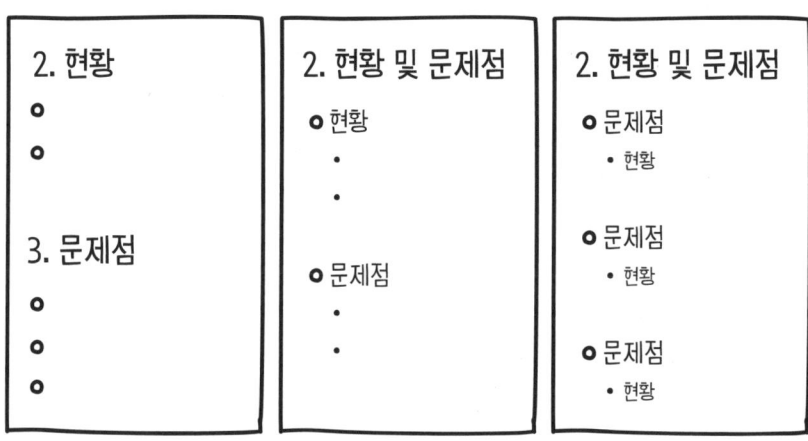

현황과 문제점을 작성하는 세 가지 방법

첫 번째 방식은 현황과 문제점의 대목차를 따로 가져가는 방식으로, 이렇게 작성하는 경우 현황과 문제점이 명확하게 구분되는 장점이 있다. 먼저 현황에 대한 이야기를 죽 늘어놓으며 '지금 이러한 상황이고, 이러한 문제가 있다'라는 부정적인 결과를 풀어내서 상대방에게 '내 말 좀 들어 줘'라고 이야기한다. 그 후에 문제점에서 그런 일이 벌어진 원인을 설명하는 방식이다. 보통 10페이지 이상의 보고서나 현황이나 문제점에서 제시할 내용이 많은 경우에 활용된다.

농림축산식품부의 농수산식품 수출 확대 방안, 2013년 9월

II 수출 현황

☐ **(수출총괄)** '12년도 농수산식품 수출액은 **80.1억불**로서 국가 총수출액(5,479억불) 대비 **1.5%** 수준이나 최근 5년간 성장세 지속

○ 우리 농식품의 안전성 확보 및 한류 열풍에 의한 인지도 상승 등으로 **'08년 이후 연평균 16% 급성장**

* 30억불대의 농식품 수출이 10억불 증대하는데 20여년 소요된 반면, 최근 5년동안 40→80억까지 급증

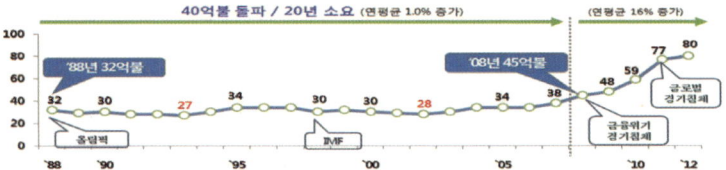

☐ **(수출품목)** 주요 수출 부류는 채소·과실(각 2억불), 축산물(4억불), 어패류(13억불) 등이며 **가공식품 비중이 65%**로 상대적으로 높은 편

<농수산식품 수출실적 및 비중('12)>
(억불, %)

	부류별(주요 신선품목)	실적	신선	가공	합계(비중)
농식품	채소(파프리카, 딸기 등)	2.2	10.8(19)	45.7(81)	56.5(100)
	과실(사과, 배 등)	2.2			
	축산(닭·오리고기 등)	4.0			
수산식품	어류(고등어 등)	13.8	17.2(73)	6.4(27)	23.6(100)
	해조류(미역 등)	1.2			
	농수산식품 총계		28(35)	52.1(65)	80.1(100)

* 주요 가공식품 수출실적 : 커피조제품(3억불), 설탕(2.6), 음료(2.3) 등

☐ **(수출국가)** 중국·아세안 등 신흥시장 수출이 최근 **5년간 20% 이상** 대폭 증가하였고, 특히 **중국은 일본에 이어 수출 주력국가**로 부상

<주요 국가별 수출 추이 및 비중('12)>

구 분	일본	중국	ASEAN	미국	EU	홍콩	대만
수출액(백만달러)	2,389	1,279	1,193	664	420	297	254
수출액 비중(%)	29.8	16.0	14.9	8.3	5.2	3.7	3.2
5년연평균 증가율	13.5	24.1	27.5	10.3	14.3	14.6	19.2

○ 수출국별로는 일본은 파프리카·참치, 중국은 설탕·커피조제품, 미국은 배·김, 아세안국가는 딸기 등이 주요 수출품목으로 나타남

III 문제점

☐ **(농어업 연계미흡)** 농식품 수출은 대기업이 수입원료를 사용하는 가공식품의 비중이 높아, 농어업 성장에 대한 **농어민의 체감도가 낮음**

○ '12년 농어가 소득과 직결되는 신선부류의 수출비중은 35% 수준
  * 농어가 소득연계 품목 : 인삼(151백만불), 김치(107), 파프리카(89), 고등어(71), 넙치(69)
  * 가공식품 주원료 수입 의존도('12) : 밀(99.3%), 콩(89.7) 등

☐ **(후진적 수출기반)** 농가규모가 영세하고 수출농가·업체의 **조직화가 미흡**하여 타산업에 비해 **수출확대를 위한 추진력이 부족**

○ 수출품의 **품질관리 및 대량생산**이 어렵고, 환율변화·내수가격 등 시장환경 변화에 따른 빈번한 계약 취소로 **수출물량 확보 문제 발생**
  * 네덜란드는 모든 생산시설이 유리온실로 구축되어 높은 수준의 생산성(파프리카 : 300톤/ha)을 보이나, 우리나라 유리온실 비율은 0.7%에 불과하고 생산성도 낮음(파프리카 : 190톤/ha)

○ 수출업체의 난립으로 품목별 수출창구가 분산되어 있고, 물량확보를 위한 **과잉경쟁** 및 수출국에서의 **저가판매** 문제를 야기

☐ **(높은 비관세장벽)** 농수산식품은 공산품과 달리 **병충해·식문화 차이** 등으로 **비관세장벽이 두터워**, 수출기반이 있어도 수출을 못하는 사례가 빈번함

○ 특히 농식품은 'SPS(위생 및 식물위생 조치의 적용에 관한 협정)'로 인해 수출 대상국별 자국 기준에 맞는 **수입위험분석 절차(8단계)**를 거쳐야 수입이 허가됨
  * 예비위험평가, 개별병해충평가 등의 단계로 구성, 평균 7~8년이상 소요

https://www.korea.kr/archive/expDocView.do?docId=34436

두 번째 방식은 현황과 문제점을 대목차 하나로 가져가고, 그 하위 목차로 현황과 문제점을 구분해서 쓰는 방식이다. 보고서에서 가장 많이 쓰이는 방식으로, 현황과 문제점이 연계성을 가지는 효과를 볼 수 있다.

금융위원회의 은행의 자율성·책임성 제고 방안, 2015년 8월

II. 국내은행의 수익구조 현황 및 문제점

1 국내은행 수익구조

◆ ① 높은 이자이익 비중(약 90%) ② 판관비 비중 상승

□ 국내은행 총이익 중 **이자이익 비중**이 90%에 근접('11년~'15.상반기 평균 86.8%)하여 **주요국에 비해 이자이익에 지나치게 편중된 구조**[*]

　* 주요국 은행의 이자이익 비중('14년) : 미국 62.8%, 일본 70.3%

○ 자산규모 증가에도 불구하고 **이자이익 절대 규모는 지속 감소**[*]

　* 이자이익(조원) : ('11년) 39.1 ('12년) 38.0 ('13년) 34.9 ('14년) 34.9 ('15.上) 16.5

○ 특히, 비이자이익 중 **수수료이익은 총이익의 10% 수준에 불과**하여 **이자이익 감소를 상쇄**할만한 **대체 수익원 확보**에 한계

□ 한편, 총이익 감소 추세에도 인건비 등 **판관비**[*]는 오히려 **상승**하는 등 **고비용 구조**가 지속되면서 수익성에 부정적 영향 확대

　* 판관비(조원) : ('11) 20.0 ('12) 20.3 ('13) 20.3 ('14) 21.0(上 10.3) ('15.上) 10.7

<국내은행 수익구조 현황>

(단위: 조원, %)

구분	'11년	'12년	'13년	'14년	상반기	'15.上	합계
1.이자이익	39.1 (82.0)	38.0 (89.3)	34.9 (89.6)	34.9 (90.9)	17.3 (89.4)	16.5 (79.6)	163.4 (86.8)
2.비이자이익	8.6 (18.0)	4.5 (10.7)	4.0 (10.4)	3.5 (9.1)	2.1 (10.6)	4.2 (20.4)	24.9 (13.2)
(수수료관련이익)	4.9 (10.3)	4.7 (11.0)	4.5 (11.6)	4.6 (11.9)	2.2 (11.5)	2.5 (12.0)	21.1 (11.2)
(유가증권관련이익)	5.1 (10.8)	2.2 (5.2)	0.9 (2.4)	1.0 (2.5)	0.7 (3.4)	2.0 (9.4)	11.2 (5.9)
3.총이익(1+2)	47.7 (100)	42.6 (100)	38.9 (100)	38.4 (100)	19.3 (100)	20.8 (100)	188.3 (100)
4.판매비와관리비	20.0 (42.0)	20.3 (47.6)	20.3 (52.2)	21.0 (54.8)	10.3 (53.1)	10.7 (51.5)	92.3 (49.0)
5.대손비용	11.6 (24.4)	10.3 (24.2)	11.7 (30.2)	9.2 (24.0)	4.3 (22.1)	4.8 (23.2)	47.7 (25.3)
6.영업외손익	△0.1 (△0.2)	△0.7 (△1.7)	△1.7 (△4.3)	△0.3 (△0.8)	0.1 (0.4)	0.3 (1.3)	△2.6 (△1.4)
7.법인세비용	4.2 (8.8)	2.6 (6.1)	1.3 (3.2)	1.8 (4.7)	1.1 (5.9)	1.2 (5.9)	11.1 (5.9)
8.당기순이익(3-4-5+6-9)	11.8 (24.6)	8.7 (20.4)	3.9 (10.0)	6.0 (15.7)	3.7 (19.3)	4.3 (20.7)	34.6 (18.4)

* ( )내는 총이익 대비 비중

2 수익악화 원인

◆ ① 이자이익 부진 ② 수수료이익 정체 ③ 고비용 구조 지속

□ **(이자이익 부진)** 저금리 기조가 지속되면서 **순이자마진 축소**[*] 등으로 **이자이익 확대**가 사실상 어려워진 데 주로 기인

* 순이자마진(%) : ('11) 2.30 → ('12) 2.10 → ('13) 1.87 → ('14) 1.79 → ('15.上) 1.60

○ 대출은 변동금리 비중이 높고 예수금 조달은 고정금리 비중이 높아 **시장금리 하락시 순이자마진이 축소되는 구조**[*]

* '15.3월말 국내은행의 변동금리 대출 비중 64.5%인 반면, 원화예수금의 고정금리 비중은 92%에 달하여 시장금리 하락시 대출금리가 먼저 하락

- 또한, 최근 주택담보대출 및 중기대출을 중심으로 은행간 **자산쏠림 현상**이 **심화**되고 **금리경쟁이 지나치게 가열**되면서 **금리에 원가가 충분히 반영되지 못하는 측면**

○ 반면, 美 **상업은행**들은 높은 **고정금리 대출** 비중으로 시장금리 변동에 따른 영향이 크지 않아[*] 3%대의 안정적인 순이자마진 유지

* 기준금리와 NIM의 상관관계 : (미국) -0.01 (한국) 0.75(기준금리 하락시 NIM도 하락)

□ **(수수료이익 정체)** 수수료이익은 유가증권관련이익 등 다른 비이자이익에 비하여 안정적이나 **'11년 이후 소폭 감소되는 추세**[*]

* 수수료이익(조원) : ('11) 4.9 → ('12) 4.7 → ('13) 4.5 → ('14) 4.6 → ('15.上) 2.5

○ **수수료기반도** 방카슈랑스 판매 등 **대리사무취급수수료에 치중**[*]되어 있는 등 새로운 서비스 영역으로 확대되지 못하는 모습

* '11년 이후 국내은행의 대리사무취급수수료는 전체 수입수수료의 35% 수준

○ 특히, 미국 등 글로벌 은행의 주요 수수료 수입원인 **예금계좌 관련 수수료 비중**[*]도 **국내은행**은 상대적으로 매우 **낮은 상황**[**]

* '14년중 美상업은행의 예금계좌 관련수수료(계좌유지수수료, 송금수수료 등)는 비이자이익(2,308억불)의 14% 수준(330억불)
** 국내은행의 경우 계좌유지수수료를 부과하지 않으며, 송금수수료는 비이자이익(예보료, 기금출연료 제외 시 '14년중 7.6조원)의 4.4%('14년중 0.3조원) 수준

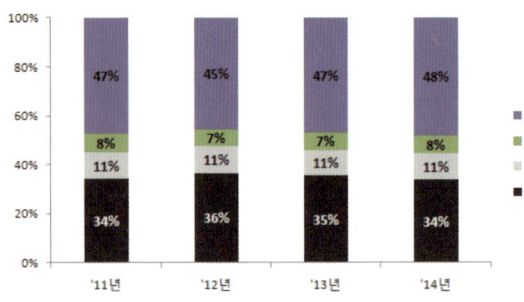

<국내은행 수수료 수입 구조>

□ **(고비용 구조 지속)** 인건비 위주의 **비용구조**이므로 **판매관리비**가 경직적이어서 수익성 개선의 장애요인으로 작용

  ○ 국내은행의 이익 대비 판매관리비 비중은 미국 상업은행에 비해 **낮은 수준**이나, **인건비 비중**은 미국 수준을 크게 **상회**

<국내은행의 판매관리비 및 인건비 비중 추이>

(단위 : %)

구분		'11년	'12년	'13년	'14년	'15.上
인건비 비중[1]	국내은행	61.2	60.5	60.5	62.2	64.5
	미국 상업은행	43.8	44.7	45.8	45.5	48.6
이익 경비율[2]	국내은행	42.1	48.4	54.6	55.2	50.9
	미국 상업은행	62.3	62.2	61.8	63.1	61.1

* 주: 1) 인건비 / 판관비 2) 판매비와 관리비 / (총이익 + 영업외 손익)
   3) '15년의 경우, 국내은행은 '15.상반기, 미국은행은 '15.1Q 수치

  - 은행권 **평균근속 연수**가 타 산업에 비해 **높은 상황**에서 경직적인 임금체계 등으로 **고임금 구조**가 심화되고, **신규고용 확대**에도 **애로** 요인으로 작용

    * 4대 은행 근속연수(남성) : 17.6년, 30대그룹 근속연수(남성) : 12.6년

  ○ 저수익 점포, 중복점포 정리 등 **조직효율화** 작업도 더딘 상황

    * 국내은행 점포(개) : '13년 7,797 → '14년 7,554 → '15.6월말 7,480('13년 대비 4.1% 감소)

https://www.korea.kr/archive/expDocView.do?docId=36542

10페이지 내외의 보고서에서 많이 활용되며, 특히 역량 평가 등의 보고서 작성 능력 시험에서 많이 활용되는 방식이다. 1페이지 보고서나 분량이 적은 보고서를 작성할 때는 아래와 같이 2~3줄로 간략하게 작성할 수도 있다.

```
□ 현황 및 문제점
  ○ 현황
    - '19년 공무원 고객만족도 조사 결과 전년 대비 14.2점 하락 (※ ('18년) 82.4점 → ('19년) 68.2점, 3위 ↓)
    - 특히 '민원처리 사후 과정의 투명성' 설문 항목의 점수가 낮게 나타남
  ○ 문제점
    - (정보 제공의 부재) 서비스 종료 후, 사후 관리 내용에 대한 별도 안내도 없고, 지속적인 정보 제공 미흡
    - (체계적 관리의 부재) 민원인의 민원 결과 확인 서비스 이용 이력 관리 부재
```

1페이지 보고서에서의 현황과 문제점

세 번째는 현황과 문제점을 하나의 대목차로 쓰되 글머리 기호를 이용해서 분류하는 방식이다. 1페이지 보고서나 최대한 간결하게 보고서를 작성해야 하는 경우 활용되는 방식이다.

이때 중요한 것은 작성 순서에 각별히 유의해야 한다는 점이다. 예를 들어 글머리 기호 □에 문제점을 쓰고 ○에 현황을 썼다면 끝까지 그렇게 써야 한다. 반대로 □에 현황을 쓰고 ○에 문제점을 썼다면 이 역시 일관되게 써야 한다.

```
문제점 ▶ 현황 순서

2. 현황 및 문제점
  □ 문제점1
    ● 현황1
  □ 문제점2
    ● 현황2
  □ 문제점3
    ● 현황3
```

```
현황 ▶ 문제점 순서

2. 현황 및 문제점
  □ 현황1
    ● 문제점1
  □ 현황2
    ● 문제점2
  □ 현황3
    ● 문제점3
```

현황과 문제점을 섞어서 쓰는 경우

개인적으로는 왼쪽의 방식이 더 낫다고 생각한다. 왜냐하면 사람은 무의식적으로 시간적인 측면에서 선후로 정보를 이해하거나, 논리적인 측면에서 인과관계로 정보를 파악하려는 경향이 있기 때문이다. 어디까지나 개인적인 의견일 뿐, 현황 → 문제점의 순서로 써도 무방하다. 일관성, 통일성 있게만 쓰면 어떤 순서라도 상관없다.

아래 예시는 A 기업의 인사 담당자를 대상으로 한 '1페이지 기획 보고서 실습' 시간에 작성된 보고서이다. 신입사원들의 부적응 문제에 대한 개선 방안을 보고서로 작성하는 실습이었는데, 그중 일부를 발췌한 내용이다.

글머리 기호 □에는 문제점, ○에는 현황, *에는 현황에 대한 근거가 일목요연하게 논리적으로 정리되어 있다.

---

2. 현황 및 문제점

- □ (인사 제도) 경력 직원들의 서울/경기 지역 몰림 현상과 신입사원의 일괄 지방 발령
  - ○ 지방 사업장의 경우 신입사원 과다 배치로 인하여 인당 평균 판매량 수준 저하
    - * 서울 경기 판매량 6.7억/월, 지방 판매량 3.2억/월 (특히, 경남 지역 판매량 최하)

- □ (교육 시스템) 입문 교육에서 직무 교육의 비중이 낮고, 입문 교육 후 추가 교육 제도 부재
  - ○ 신입사원의 직무 역량 수준이 낮고, 업무 미숙으로 인하여 업무 비효율 및 대고객 서비스 수준 저하
    - * 업무 처리 오류 매월 2-3건 발생, 고객 민원 제기 건수 20% 증가/년

- □ (조직 문화) 기존 직원들과 신입 직원 간의 소통 기회 및 상호 이해 노력 부족
  - ○ 신입사원들의 불만 사유 및 퇴사에 결정적인 계기가 되고 있음
    - * 인트라넷 무기명 게시판 불만 관련 글 매월 10% 증가, 신입사원 퇴사 이유 43%가 상사와의 갈등

문제점 → 현황 순서로 작성한 예시

이제 과제에 대한 이야기로 넘어간다. 과제를 작성하는 방식은 생각보다 간단하다. 문제점과 1:1 매칭 방식으로 쓰면 된다. 한마디로 문제점과 과제는 데칼코마니 형식을 갖추어서 쓴다. 데칼코마니 형식이란 문제를 중심으로 좌측은 문제점, 우측은 과제로 대칭

구조를 만드는 것을 의미한다. 문제점이 세 개면 과제 또한 세 개로 대칭하여 제시해야 논리적인 적확성을 확보할 수 있다.

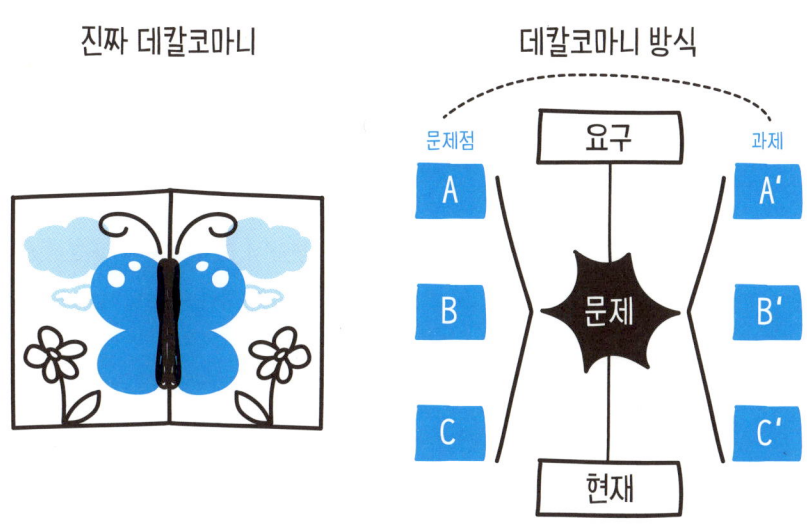

문제점과 과제는 데칼코마니 방식으로 매칭

예를 들어 어떤 문제를 일으킨 문제점이 A, B, C인데 과제로 A', B'만 제시했다면, 보고서를 보는 입장에서 당연히 C는 어떻게 하겠다는 것인지에 대한 의문이 남는다. 논리적인 적확성이 떨어진다. 반대로 문제점에서 A, B를 제시했는데 과제를 A', B', C'로 제시한다면 어떨까? 상대방의 머릿속엔 'C'는 어디서 나온 갑툭튀야?'라는 생각이 들 수 있다. 즉, C'를 해야 하는 이유가 설명되지 않는 것이다.

예를 들어 학교 급식 만족도가 떨어지고 불만이 증대되고 있는 문제에 대해 생각해 보자. 학교 행정실 직원이 기획을 시작한다. 현황을 파악한 후에 문제점으로 세 가지를 분석했다. 이를 해결하기 위한 과제도 세 가지로 제시하는 것이 논리적인 적확성을 확보하는 길이다. 만약 문제점과 과제 둘 중에 어느 하나라도 비는 곳이 있다면, 상대방은 보고서를 읽는 내내 머릿속에 뜨는 물음표를 감출 수 없을 것이다.

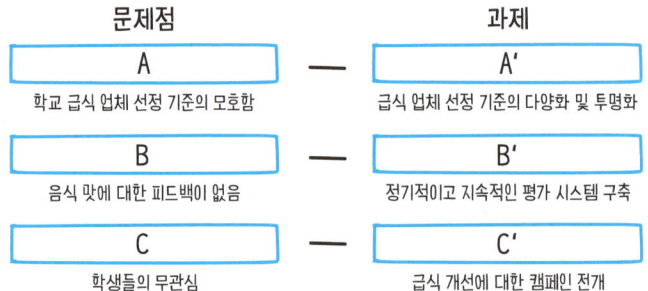

문제점과 과제는 1:1 매칭 방식으로 작성

상세하게 내용을 담지는 않았지만, 기획 재정부의 보고서 목차를 보면 국고보조금 부정수급 현황의 요인(문제점)을 4가지로 분석했고 그에 대한 개선 과제를 '4대 원인별 제도개선 과제'로 연결한 흐름을 확인할 수 있다.

기획재정부의 국고보조금 부정수급 종합대책, 2014년 12월

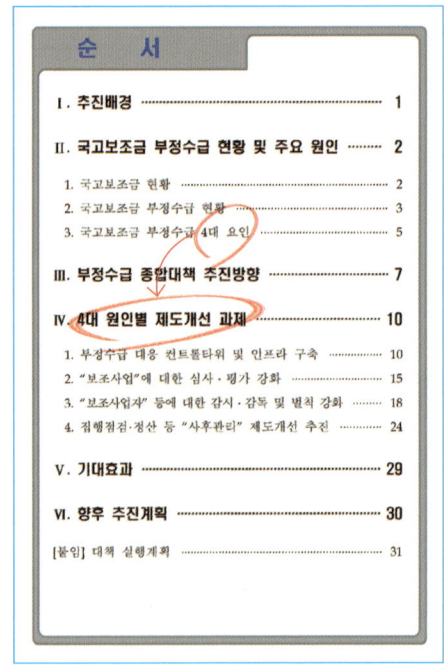

https://www.korea.kr/archive/expDocView.do?docId=35763

1:1 매칭이라는 것이 꼭 정확하게 똑같은 모습으로 보여줘야 한다는 뜻은 아니다. 1:1 매칭의 의미는 내용상 1:1 매칭이라는 의미일 뿐 형식적인 측면에까지 적용되지는 않는다.

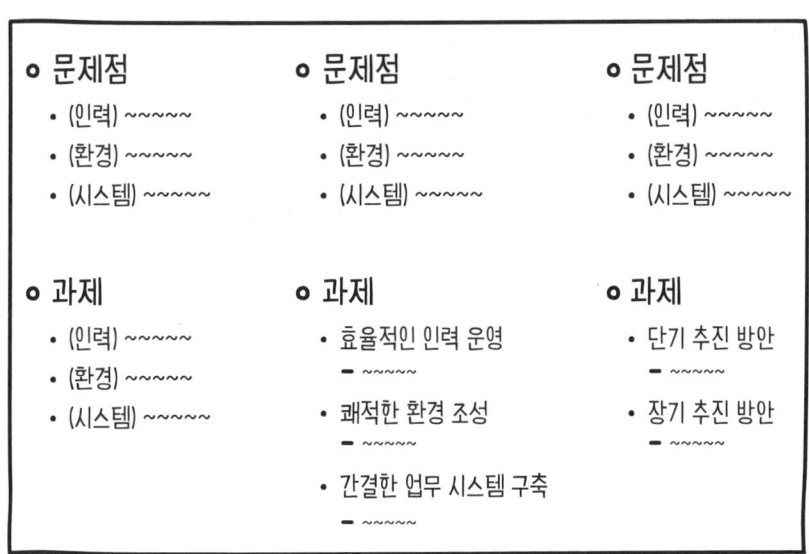

문제점과 과제는 1:1 매칭 방식으로 작성

위 그림의 제일 왼쪽과 같이 마치 복사해서 붙인 것처럼 쓸 필요는 없다는 뜻이다. 이렇게 하면 문제점과 과제가 정확하게 연결되는 느낌을 줄 수는 있지만 동어 반복으로 다소 부정적인 느낌을 줄 수도 있다. 과제를 조금 상세하게 문장 형태로 표현하거나, 시간적인 관점에서 단기, 장기로 구분하여 작성하는 것도 가능하다.

마지막으로, 실행 계획은 과제를 세분화·구체화한 내용으로 작성하면 되는데, 이때 세분화가 중요한 포인트가 된다.

세분화의 중요성을 설명하기 위해 수산 시장 이야기를 해 보겠다. 회를 좋아하는 사람은 횟집에서 먹기도 하지만 좀 더 싱싱한 회를 먹기 위해 수산 시장을 찾기도 한다.

가판에 있는 싱싱한 활어를 보고 있으면 생동감이 느껴지지만, 가끔 이런 생각이 들 때가 있다.

'저 큰 생선을 어떻게 먹지?'

하지만 큰 생선은 수산 시장 직원의 노련한 손길에 의해 한 점의 회로 바뀌어 간다. 그것을 보고 있으면, 우리의 머릿속엔 어느새 이런 생각이 자리 잡는다.

'아, 맛있겠다. 소주 한잔 당긴다.'

마찬가지로 보고서에 과제가 막연하게 큰 덩어리로만 제시되어 있으면, 이것을 보는 상사는 마치 큰 생선을 마주한 것과 같은 기분을 느낀다. 아마 이런 생각을 하지 않을까 싶다.

'이걸 지금 하겠다는 거야, 말겠다는 거야?'
'도대체 무엇을 어떻게 하겠다는 거야?'

이러한 상사의 생각을 '할 수 있겠네'로 바꾸어 주는 기술이 바로 세분화의 기술이다. 전문용어로는 WBS Work Breakdown Structure라고 한다. 업무를 잘게 나누어서 구조화한다는 의미이다.

예를 들어, A 씨는 취업을 위한 여러 가지 과제 중 '영어 능력 개발'이라는 과제를 선정했다. 이것을 취업 컨설턴트에게 보고한다고 생각해 보자. 취업 컨설턴트는 100% 이렇게 되물을 것이다.

"구체적으로 어떻게 영어 능력을 개발한다는 것인가요?"

이때 준비된 기획자라면 영어 능력 개발이라는 과제를 세분화해서 구체적인 실행 계획으로 제시했을 것이다.

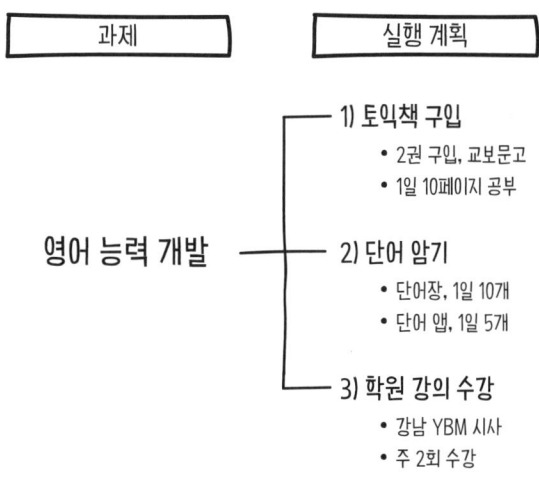

과제를 세분화한 것이 실행 계획

왼쪽의 과제를 오른쪽의 실행 계획으로 바꾸면 컨설턴트는 믿음과 확신을 가지고 이렇게 말할 것이다.

"영어 능력이 금방 향상되겠네요. 빨리 실천에 옮기세요."

구체화하고 세분화한 내용은 상대방에게 신뢰를 준다. 작은 과업들로 나눈 내용을 보면 세심한 노력이 보이고, 왠지 모르게 할 수 있겠다는 확신을 주기 때문이다. 큰 것보다 작은 것을 볼 때 실행 가능성이 높게 보이는 법이다.

여기에 '간트 차트'를 이용해서 일정까지 결합하면 좀 더 그럴듯한 실행 계획이 된다. 간트Gantt가 개발하여 그의 이름이 붙은 간트 차트는 과업과 일정을 시각적으로 표현한 차트를 의미한다.

구분	To do list	8월	9월	10월	11월	12월	1월
사업 기획	타경쟁사 자료 조사						
	사업 아이템 특허 출원						
	소셜 벤처 인증 절차						
	사업 기획 확정						
랜딩페이지 작업	홈페이지 업체 선정						
	홈페이지 기획						
	홈페이지 시스템 구축						
	홈페이지 베타 테스트						
동영상 콘텐츠 준비	영상 콘텐츠 제작 방향 및 계획 수립						
	참가자 모집						
	영상 촬영 및 편집						
	콘텐츠 검증 및 수정						
	콘텐츠 업로드						
홍보 및 마케팅	취업사이트 및 포털 콘택트 및 협업						
	SNS 마케팅 계획 수립						
	SNS 마케팅 진행						
서비스 론칭	베타 테스트						
	서비스 공식 론칭						

■ 최종 결과물을 멘토에게 보고하는 일정

간트 차트를 결합한 실행 계획 = 세분화 + 일정

이때 한 가지 꿀팁이 있다. 파란색 부분으로 표시한 것과 같이 상사나 의사 결정자에게 보고하고 공유하는 일정을 포함하는 것이다. 별것 아닌 것 같지만 상대방은 '보고자가 나를 존중하는구나', '나와 함께 일한다고 생각하는구나'라고 생각하여 보고서에 좀 더 힘을 실어 줄 수 있다.

물론 간트 차트가 만능 치트키는 아니다. 간결하게 표 형식으로 작성해도 무방하다.

미래창조과학부의 글로벌 창업 활성화 계획, 2013년 7월

Ⅳ. 세부 실천계획(Action Plan)

1. 민간 중심의 지원역량 강화

실천 과제	일정(까지)	담당부처
「글로벌창업지원센터」 및 Grand Partnership 구축	'13.8월	미래부
글로벌 지향 엑셀러레이터 육성	'13.7월(공모)	미래부
「글로벌 창업 벤처포럼」 구성·운영	'13.8월(출범)	미래부

2. 글로벌 창업 지원방식 다변화

실천 과제	일정(까지)	담당부처
해외교포·유학생의 현지창업 지원	'13.7월(공모)	미래부
개도국 대상 해외파견자의 현지창업 지원	'13.7월(공모)	미래부
적정기술 기반 글로벌 소셜벤처 육성	'13.7월(공모)	미래부

3. 해외 네트워크 강화

실천 과제	일정(까지)	담당부처
해외진출 현지거점 확충	계속	미래부, 산업부
해외 한인 네트워크 활성화	계속	미래부
개도국 대상 정책자문 강화	계속	미래부

4. 글로벌 창업 활성화 기반 조성

실천 과제	일정(까지)	담당부처
글로벌 창업기업가 양성 프로그램 운영	'13.7월(공모)	미래부
글로벌 창업 활성화 관련 제도개선	계속	미래부, 관계부처
글로벌 창업 컨퍼런스 개최	'13.12월	미래부

https://www.korea.kr/archive/expDocView.do?docId=34267

보고서의 양이 제한적이거나 간결하게 표현하고 싶을 때는 아래와 같이 구성해도 된다. 무엇을, 언제까지, 누가 하겠다는 내용 정도만 넣으면 실행 계획으로 충분하다고 생각한다.

실행 내용	일정	실행 주체 및 협업
정책 실행 협의회 구성	'19. 11월 말	기획팀, 행안부 협업
합동 단속반 구성	'19. 11 ~ 12월	행정실, 경찰청 협업
정책 홍보 및 언론 보도	'20. 12 ~ 1월	홍보팀, 지자체 협업
진행 요원 교육	'20. 12 ~ 2월	운영팀
단속 운영 시범 운영	'20. 3 ~ 6월	운영팀
최종 결과 피드백	'20. 7월 중	기획팀, 운영팀
정책 결과 공유	'20. 8월 중	기획팀

간결한 실행 계획

추가로 실행 계획에 포함하여 쓸 수 있는 내용은 추진 체계, 점검 계획, 홍보 방안, 예산안 등이 있다.

추진 체계는 정책이나 업무를 맡아서 할 조직이나 사람을 의미한다. 대단위 정책은 개인이나 팀만으로는 추진이 어려워 부서나 부처와의 협업이 필요할 때가 많다. 이때 작성하는 것이 추진 체계이며, T/F Task Force나 추진위원회/협의회 등을 구성하기도 한다.

점검 계획은 정책이나 기획의 내용이 계획대로 실행되는지 점검하는 계획을 말하며 모니터링 계획, 피드백 절차 및 반영, 현장 점검 계획 등으로 쓰기도 한다.

홍보 방안은 국민의 이해나 협조가 필요한 정책일 때 특히 강조된다. 정책 홍보의 경우 누구에게 어떠한 내용으로 무엇을 통해 전달할 것인지 작성하면 된다. 홍보 대상, 홍보 내용, 홍보 수단으로 구성하면 충분하다.

정책을 추진하기 위해 필요한 예산은 표 형식으로 제시하는 것이 일반적이다. 세부 명세가 복잡할 경우 총액만 제시하고 상세 명세를 별첨으로 붙이는 경우도 있다. 특별한 예산이 필요하지 않거나 예산을 고민할 단계가 아닌 경우에는 생략하기도 한다.

3. 기대 효과와 장애 요인으로 보고서에 풍미를 더한다

보고서에서 기대 효과는 기획을 실행했을 때 얻을 수 있는 긍정적인 이익을 말한다. 이때 중요한 것은 목표와의 차이를 구분해서 작성하는 것이다.

앞서 목표는 기획을 통해 달성하고자 하는 수준과 기간으로 작성한다고 이야기했다. 그럼 기대 효과는 어떻게 설명할 수 있을까? 아래 그림을 통해 기대 효과의 의미를 이해해 보자.

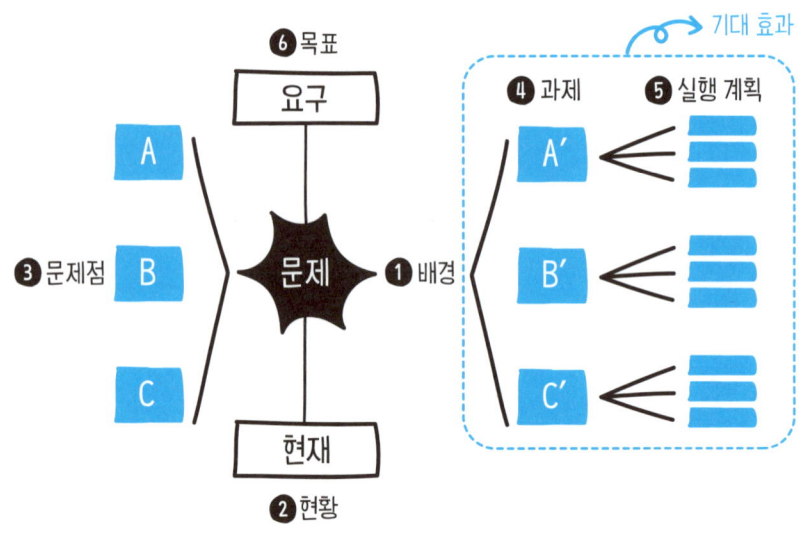

기대 효과의 의미

어떤 문제를 인식하고 그 문제의 심각성과 중요성을 깨닫는 것으로 기획이 시작되며, 이를 보고서에 배경으로 작성한다. 현재의 수준을 정확히 파악하여 현황을 제시하고, 현황을 만든 문제점(원인)을 파악한다. 문제점과 1:1 대응 방식으로 과제를 제시하고, 과제를 세분화/구체화한 실행 계획을 작성한다. 이를 통해 달성하고자 하는 목표를 제시하는 것으로 보고서는 마무리된다.

이 복잡한 내용을 한마디로 정리하면 보고서는 결국 목표를 향해 가는 여정이라고 할 수 있다. 현황, 문제점, 과제 등은 목표를 달성하기 위해 진행하는 절차일 뿐이다. 그만큼 보고서에서 목표가 가지는 의미는 크다고 할 수 있다.

그럼, 기획이 목표를 달성하지 못한다면 보고서에서 제시한 과제와 실행 계획 등의 내용은 모두 무의미한 것일까?

그렇지 않다. 물론 목표 달성이 가장 중요하다고 할 수 있지만, 목표를 달성하지 못한다고 해도 나름의 의미는 있다. 이때 과제와 실행 계획을 통해 만들어 낼 수 있는 이익의 총합을 기대 효과로 정리한다. 목표 달성 여부와 관계없이 기획을 통해 만들어 낼 수 있는 긍정적인 효과를 일컫는다.

다이어트 사례

○ **목적:**
  건강하고 활기찬 삶을 살기 위해서

○ **목표:**
  - (단기) 한 달 이내 2kg 감량
  - (장기) 1년에 10kg 감량

○ **기대 효과:**
  - 월 5만 원의 식비 절감
  - 건강해져서 삶의 의욕 회복
  - 친구들에게 인기 상승
  - 부모님이 안심하고 행복해 함

기대 효과 작성의 예시

위 사례에서 목표는 '1년 안에 10kg을 감량하는 것'이다. 하지만 꼭 목표를 달성하지 못하더라도 다양한 과제의 실행을 통하여 돌아오는 이익은 있기 마련이다. 예를 들어 식비가 절감되거나 부모님이 만족하는 것, 인기가 올라가는 것 등이다. 이처럼 목표 달성과 관계없이 기획의 과정을 통해 추가로 얻을 수 있는 이익을 정리해서 기대 효과로 작성하면 된다.

이때, 기대 효과를 작성하는 방법으로 세 가지를 추천한다.

첫째, 정성적인 측면만이 아니라, 정량적인 측면에서 작성하는 것을 추천한다. 숫자는 언제나 더 명확하고, 강력한 힘을 가지기 때문이다.

- **전자결재 시스템 도입을 통한 업무 효율 향상**
- **전자결재 시스템 도입을 통한 업무 효율 10% 향상**

- **인사 제도 혁신을 통한 업무 생산성 향상**
- **인사 제도 혁신을 통한 업무 시간 평균 1시간/주 단축**

둘째, 다양한 이해관계자 측면에서 작성할 수 있다.

예를 들어 학생들의 학업 성취도 향상을 위한 기획을 가정해 보자. 이때 기획의 목표는 학업 성취도 도내 몇 위, 몇 점 상승 등으로 작성하면 된다. 반면 기대 효과는 목표와 무관하게 다양한 이해관계자 측면에서 발생할 수 있는 긍정적인 이익을 정리하면 된다. 학생, 교사, 학교, 학부모 측면에서 기획이 미치는 긍정적인 효과를 다각적으로 작성하면 된다.

셋째, 현황에서 작성한 내용을 뒤집어 작성하는 것도 가능하다. 결국 기획을 하는 이유는 여러 가지 부정적인 현황을 제거하기 위함이다. 현황의 내용을 반대로 뒤집어서 기대 효과에 작성하는 것으로, 기획의 긍정적인 측면을 부각할 수 있다.

그렇다고 해서 기대 효과를 부풀리거나 장황하게 작성할 필요는 없다. 핵심 내용 몇 가지로 간략하게 작성하면 된다. 아래 예시를 보면 지역적, 국가적인 측면에서 각각 한 줄로 작성하는 경우도 있고 때로는 목표와 함께 간결하게 표현하기도 한다.

VII. 기대 효과
- (지역) 축산 폐기물 적시 수거로 환경 개선 및 자원의 재활용을 통한 지역 경제 활성화
- (국가) 축산 폐기물 처리 전문가 양성 및 재활용 우수 사례 발굴로 국가 위상 제고

○ **목표 및 기대 효과**
- '20년 고객만족도 조사 점수 전년 대비 20% 상승
- 보험비 청구 서비스 업무의 적극, 성실, 책임 행정으로 고객만족 경영 실현

간결한 기대 효과 예시

기관이나 부처 성격에 따라 기대 효과를 작성하는 경우도 있고 그렇지 않은 경우도 있다. 보고자가 판단해서 충분히 가치 있는 내용이라면 포함하고, 그렇지 않다면 굳이 쓰지 않아도 된다. 때로는 배경에 포함하여 같이 써도 된다. 기획의 모든 긍정적인 효과를 배경에서 언급하고, 기대 효과를 목차에서 제거해도 된다. 다시 한번 말하지만, 보고서에 정답은 없다. 설득에 최적화된 형태로 작성하는 것만이 정답에 가까운 방법이다.

이제 장애 요인에 관해 이야기해 보겠다. 장애 요인을 제대로 이해하기 위해서는 앞서 이야기한 제약 조건과의 차이에서 시작해야 한다. 아래 그림을 통해 두 개념의 차이를 이해해 보자.

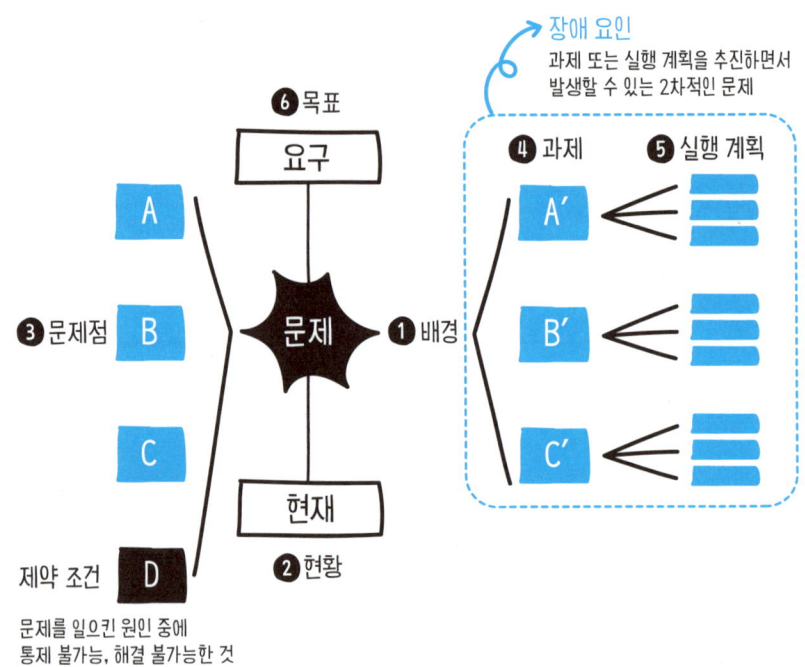

제약 조건과 장애 요인의 차이

제약 조건은 어떤 문제를 일으킨 원인 중에 내가 해결할 수 없거나 통제 불가능한 원인이다. 시작부터 손댈 수 없는 조건으로 정치, 법규, 제도, 환경 등과 관련된 내용이 많다. 반면 장애 요인은 과제들을 추진하는 과정에서 발생할 수 있는 2차적인 문제를 일컫는다. 예를 들어 학교에서 조기 하교 제도를 추진하는데, 이로 인해 '사교육의 성행이 예상된다'와 같은 내용이다.

장애 요인은 반드시 대응 방안이나 대책과 함께 써야 한다. 보고서에 '장애 요인'만 써놓는다면 상사가 할 생각은 뻔하다.

'그래서 나보고 어쩌라고?'
'이러한 문제가 생기는데 이것을 하겠다고?'

장애 요인을 쓸 것이라면 신중하게 고민해서 대응 방안이나 극복 방안과 함께 쓰자. 이때 좀 더 세분된 형태로 '예방 대책'과 '발생 시 대책'으로 구분하여 쓰기도 한다.

□ 예방 대책
- 잠재적 문제를 예상하고 문제가 발생하지 않도록 사전 대책을 마련하는 것
□ 발생 시 대책
- 잠재되어 있던 문제가 발생했을 때 조속하게 대처할 방법을 제시하는 것

그렇다면, 장애 요인은 보고서에 꼭 쓰는 것이 좋을까? 이에 대한 의견은 분분하지만, 우리 뇌가 가지고 있는 손실 회피 경향을 생각한다면 쓰는 것이 좋다.

손실 회피 경향(Loss Aversion)

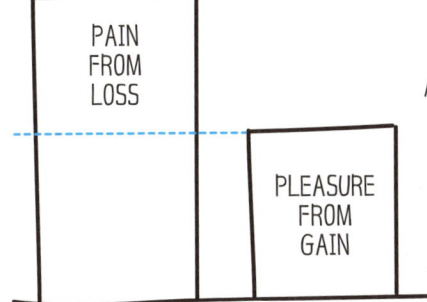

사람들은 얻는 것에 대한 만족감보다 잃는 것에 대한 박탈감에 적어도 2배 이상 민감하다.

손실 회피 경향

손실 회피 경향이란 사람은 똑같은 크기의 가치에 대해서 그것을 얻을 때보다 잃을 때 더 큰 가치를 느낀다는 개념이다. 예를 들어 누가 나에게 1,000원을 준다고 하면 '에이

그깟 1,000원?'이라고 생각하지만, 누군가가 나에게 1,000원을 달라고 하면 '1,000원 씩이나?'라고 생각하며 더 민감하게 반응한다.

이 내용을 기획에 적용해 보자. 기획자는 보고서에 '이것을 하면 좋다', '이러한 효과가 있다', '이러한 목표를 달성할 것이다' 등의 긍정적인 내용으로 가득 채운다. 마치 장밋빛 미래가 펼쳐질 것 같다. 하지만 보고서를 검토하는 입장에서는 이런저런 부정적인 생각이 드는 것도 사실이다.

'무슨 일이 벌어지지는 않을까?'
'잘 되겠어?'

상사는 책임지는 자리에 있기 때문에 기본적으로 보수적인 경우가 많다. 일이 되는 경우보다 안 되는 경우를 먼저 생각하고, 더 크게 걱정한다. 손실 회피 경향이 발동하기 때문이다. 이때 보고서 한켠에 상사가 생각하고 있는 장애 요인과 이에 대한 극복 방안을 제시하면서 선제적으로 대응해 보자. 보고서를 본 상사는 걱정을 덜어내며 안심하게 되고, 깊고 넓게 고민한 나의 기획력에 무한 신뢰를 보낼 것이다. 혹시 분량의 한계로 보고서에는 담지 못하더라도 예측하여 대비하고 있는 편이 좋다.

실제로 이런 장애 요인을 예상하지 못해서 곤욕을 치른 사례가 있어 소개하는 것으로 이번 장을 마무리한다.

(왼) 배달의 민족 치믈리에 시험, 사진: 데일리팝 제공 (오른) 스타벅스 드라이브 스루

첫 번째 사례는 '우리가 어떤 민족이지?'로 유명한 배달의 민족이다. 언젠가 이 회사에서 '치믈리에 시험'이라는 특별한 마케팅 이벤트를 시행한 적이 있다. 와인 감별사 소믈리에에서 착안한 치킨 감별사 시험을 고안한 것이다. 꽤 재미있고 기발한 기획이었기에 세간의 관심을 모았다.

하지만 장애 요인을 예측하고 대비하는 능력이 부족했다는 점은 아쉬움으로 남는다. 시험 당일 일부 동물 단체 회원들이 반대 집회를 개최한 것이다. 물론 금방 조치하여 예정대로 진행할 수 있었지만 장애 요인을 예상하고 대비하지 못했던 담당자의 미흡함은 만천하에 공개되어야 했다.

두 번째 사례는 스타벅스의 드라이브 스루다. 스타벅스가 최초로 시도한 것은 아니지만 좋은 기획이라고 생각한다. 특히 코로나 시대에 더 빛을 발한 기획이었다. 하지만 최근 언론에서 드라이브 스루 대기 차량으로 인해 도로 정체가 심해진다는 내용이 보도되면서 이슈가 되었다. 스타벅스는 뒤늦게 주차 요원을 배치하고 대응하는 모습을 보였지만 이미 수많은 민원이 발생하고 언론의 질타를 맞은 후였다.

이처럼 장애 요인은 기획 보고서에 꼭 포함하여야 할 사항은 아니지만, 반드시 고민하고 염두에 두어야 한다. 보고서에 넣든 넣지 않든, 기획자라면 충분히 고민할 만한 가치가 있다. 그 고민의 깊이만큼 기획이 탄탄해지고 설득력을 갖추게 되기 때문이다.

CHAPTER 6
기획 보고서의 제목 및 프레임워크

지금까지 배경에서 시작하여 현황 및 문제점을 작성하고, 문제점과 과제를 1:1로 매칭하고, 이를 세분화된 형태의 실행 계획으로 바꾸는 과정을 설명했다. 또한 목표 및 기대 효과의 차이를 설명하고 장애 요인을 파악하고 대비하는 것의 중요성을 강조했다.

이제 어느 정도는 기획의 큰 흐름을 결정하고, 개별 목차에 어떤 내용을 작성해야 하는지 이해했을 것이라 생각한다.

마지막으로 보고서의 화룡점정을 찍어야 한다. 스테이크 위의 파슬리 한 조각, 떡국 위의 계란 지단이 음식의 풍미를 더하듯 보고서의 제목이 같은 역할을 한다고 할 수 있다. 이번 장에서는 보고서의 화룡점정인 제목을 효과적으로 작성하는 방법을 이야기한다.

또한 지금까지 이야기한 내용을 하나의 프레임워크로 정리하고, 꽤 흥미로운 기획 사례를 '역기획'이란 형식으로 작성한 보고서를 소개하며 구상력에 관한 이야기를 마무리한다.

1. 보고서의 화룡점정, 제목으로 방점을 찍다

보고서의 제목은 곧 보고서의 첫인상이다. 사람은 첫인상을 중요하게 생각한다. 첫인상으로 사람의 성향을 짐작할 수 있고 첫인상이 좋으면 그 사람을 더 알고 싶다고 생각한다. 보고서의 제목도 마찬가지이다.

보고서의 제목을 봤을 때 '이 사람이 보고서에서 말하고자 하는 바가 이것이구나'라고 추정할 수 있어야 하며 읽고 싶고 궁금하다는 생각이 들어야 한다. 그러기 위해서는 보고서 제목을 제대로, 잘 써야 한다. 세 가지 방법을 추천한다.

첫째, 제목은 가장 마지막에 쓴다.

제목을 먼저 정하고 쓰는 것이 틀렸다는 것은 아니다. 하지만 제목을 가장 마지막에 쓰면 전체 내용을 포괄하는 제목을 쓸 수 있다는 이점이 있다. 보고서를 쓰다 보면 처음에는 하지 못했던 생각이 들기도 하고 일부 내용이 수정되기도 한다. 그럴 경우 처음에 정한 제목이 보고서 전체 내용을 포함하지 못하는 경우가 생긴다. 보고서를 다 쓴 후에 정리하고 요약한다는 생각으로 간결한 한 줄을 만들어 내는 것을 추천한다.

둘째, 간결한 것만이 능사는 아니다.

보고서의 제목은 간결한 것이 좋다. 그러나 간결하다는 것은 '군더더기 없이 핵심만'이라는 뜻이지 무조건 짧게 쓰라는 뜻은 아니다. 제목을 보고 '도대체 무슨 이야기가 하고 싶은 거야?', '왜 쓴 거야?'라는 의문이 들게 하는 것보다 좀 더 구체적이고 전체를 압축하는 방향으로 쓰는 것이 좋다. 목적 + 수단으로 쓰는 방법을 추천한다.

짧은 제목	목적 + 수단의 제목
• A 학습 공동체 활동 기획안	• 학교 회계 운용 적정화를 위한 A 학습 공동체 활동 기획안
• '20년 하반기 워크숍 추진안	• 직급간 소통 강화를 위한 '20년 하반기 워크숍 추진안
• 축산물 폐기물 처리 개선안	• 지역 경제 활성화를 위한 축산물 폐기물 처리 개선안
• 국민정책참여제도 운영안	• 대국민 소통 활성화를 위한 국민정책참여제도 운영안

보고서 제목 작성 방법 1

위 내용에서 왼쪽의 지나치게 간결한 제목보다 오른쪽의 제목이 좀 더 명확하고 보고서 전체의 내용을 대변하는 제목이다. 혹시 오른쪽의 제목이 길고 복잡하다고 생각한다면 아래 표현 방법을 보기 바란다. 글자의 크기나 굵기 등을 조정하여 간결하면서도 전체 내용을 압축하는 형태로 작성하는 것이 가능하다.

직급간 소통 강화를 위한
'20년 하반기 워크숍 추진안

회의실 사용 효율화를 위한
스마트워크센터 회의실 사용 개선안

생활 속 문화융성 실현과 또 하나의 한류를 위한
공예산업 활성화 대책

안정적이고 여유로운 노후생활 보장을 위한
사적연금 활성화 대책

보고서 제목 작성 방법 2

셋째, 부제를 쓰는 것도 좋은 방법이다.

부제는 쉽게 말해 신문의 헤드라인 혹은 광고의 카피와 같은 역할을 한다. 부제를 통해 상대방의 흥미를 유발하거나 굵직한 메시지를 던질 수 있다. 상대방이 '궁금하다', '읽고 싶다'라는 생각을 가지게 하는 것이다. 질문 형태로 표현할 수도 있고 보고서의 핵심 내용을 축약해서 쓰는 것도 가능하다.

```
┌─────────────────────────────────────────┐
│       연금보험 심사평가체계 개편방안        │
│   - 전문성·공정성·객관성 기반의 심사평가체계 구현 -   │
└─────────────────────────────────────────┘

┌─────────────────────────────────────────┐
│     전통문화 보존과 관리의 효과성 제고방안      │
│  - 5대 추진과제를 통해 전통문화재 공공성 제고·국민 불편 완화 -  │
└─────────────────────────────────────────┘

┌─────────────────────────────────────────┐
│       제주시 축산 폐기물 수거 개선 방안        │
│     - 시설투자, 제도 확립, 주민 의식 개선 중심 추진 -     │
└─────────────────────────────────────────┘

┌─────────────────────────────────────────┐
│   밀레니얼 세대 유입, 세대간 소통 이대로 괜찮을까?   │
│        조직문화 개선을 위한 워크숍 추진안         │
└─────────────────────────────────────────┘
```

보고서 제목 작성 방법 3

효과적으로 제목을 작성하는 세 가지 방법을 제시했지만, 이 또한 추천 사항일 뿐 어디까지나 선택의 문제이다. 짧게 쓰든, 목적과 수단으로 쓰든, 부제를 쓰든 쓰지 않든, 상사의 스타일이나 조직의 상황에 맞게 현명하게 선택하기 바란다.

2. 기획 보고서, 한 장의 그림으로 정리한다

지금까지 설명한 내용을 한 장의 그림으로 정리하면 아래와 같이 정리할 수 있다. 이것을 보고서 작성의 프레임워크라고 한다. 생각이 정리되지 않고 기획의 흐름이 만들어지지 않을 때 아래 그림을 보면서 생각을 정리하면 도움이 될 것이다.

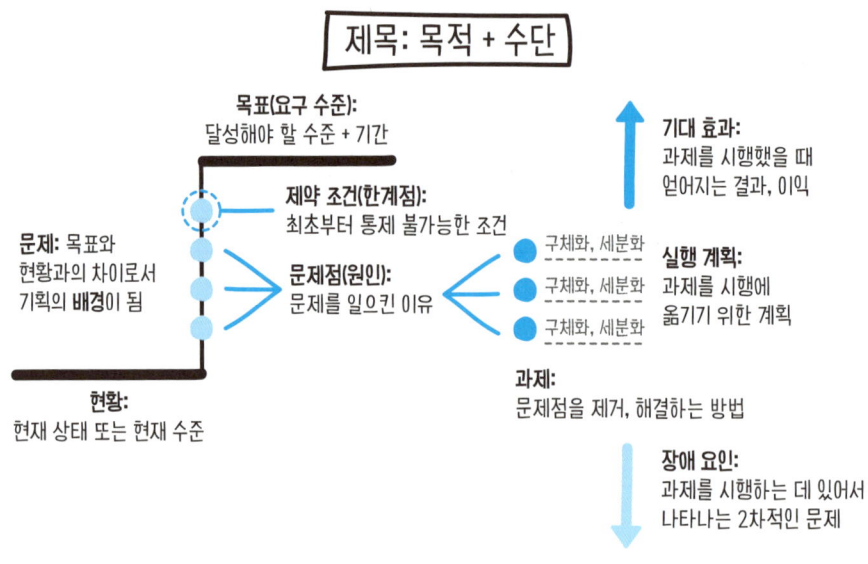

보고서 작성의 프레임워크

다만, 한 가지는 경계해 주기 바란다. 위 그림 내용이 이해된다고 해서 '안다'라고 생각하지는 않았으면 좋겠다. 이해하는 것과 아는 것은 다르다. 그림을 보지 않고 다른 사람에게 설명하면서 그림을 그려낼 수 있어야 비로소 제대로 안다고 할 수 있다. 나아가, 그림을 보지 않고도 개념 간의 관계를 이해하고 보고서 작성이 가능할 때 비로소 제대로 알았다고 할 수 있다.

이해하는 방법이 가장 좋지만, 혹시 외우는 쪽이 편하거나 후배들에게 지도할 때 활용할 수 있도록 아래의 표로 정리했으니 활용해 보기 바란다.

목차	내용
제목	보고서의 첫인상, 가장 마지막에 기획의 목적과 수단으로 쓰며 전체 내용을 알 수 있는 함축적인 내용으로 작성
배경	기획을 하는 이유이자 보고서를 쓰는 이유, 문제 의식과 문제 해결의 중요성/필요성 등을 언급
현황	현재 벌어진 문제 상황, 문제가 끼치는 악영향, 현재 수준 등을 구체적인 근거 및 수치, 통계, 자료 등으로 뒷받침하여 작성
문제점	현황을 만든 원인 중에 해결 가능한 원인, 도달해야 할 목표에 이르지 못하게 하는 장애물로서 제거 대상
전략	기획에서의 큰 방향성이자 하위 과제들을 묶어서 한마디로 정리할 수 있는 내용
과제	문제를 해결하기 위해 할 일, 목표를 달성하기 위해 할 일, 문제점을 제거할 수 있는 방안 등의 의미로 문제점과 1:1로 매칭하여 작성
실행 계획	과제를 구체화·세분화한 업무로서 일정, 담당자와 함께 기재하며 필요시 홍보, 예산, 평가 등의 계획을 포함
장애 요인	과제 추진(실행) 시 예상되는 2차 문제(장애)로서 보통 극복 방안, 대응 방안과 함께 작성
목표	정해진 기간 내에 달성해야 하는 바람직한 수준으로 기간과 함께 작성하며 정량적/정성적인 형태로 작성
기대 효과	목표 달성 여부와 무관하게, 기획이 성공적으로 진행되었을 때 얻을 수 있는 긍정적인 이익, 다각적으로 작성

기획 보고서 용어 일람표

3. 망해 가던 동물원은 어떻게 세계 최고의 동물원이 되었나?

이번에 소개할 보고서는 혁신의 대표 사례로 꼽히는 '아사히야마 동물원'에 관한 사례다. 1967년 개장 이후 승승장구하던 아사히야마 동물원은 한때 관람객 감소로 폐장 위기에 처하기도 했으나, 원장과 직원들의 참신한 기획 덕분에 지금은 연간 수백만 명이 찾는 관광 명소로 거듭났다. 우리나라에는 15년 전쯤 《펭귄을 날게 하라》라는 책에서 소개된 적이 있다.

아사히야마 동물원
- 1967년 개장
- 1996년 인기 스타 고릴라 사망
- 1997년 폐장 위기
- 1998년 기획을 통한 재생
- 2006년 최고의 동물원으로 거듭남

아사히야마 동물원, 기획이 살렸다

망해 가던 동물원은 어떻게 일본을 넘어 세계적인 관광 명소로 거듭날 수 있었을까? 그 기획 속으로 들어가 본다. 참고로 보고서의 내용은 실제 보고서가 아니라, 이미 나와 있는 사례를 토대로 '내가 기획자였다면 보고서를 이렇게 쓰지 않았을까?' 하고 가정하며 쓴 역기획서 형식이다. 실제 내용과 다를 수 있음을 이해해 주기 바라며 전체적인 보고서의 흐름을 파악하는 데 주안점을 두기 바란다. 보고서의 흐름은 Why – What – How – So What의 네 단계로 정리했다.

> 역사 속으로 사라질 것인가? 역사에 남을 것인가?
> # 관람객 증대를 위한 아사히야마 동물원 회복 프로젝트

(1998.04, 동물원기획 팀 주무관 ○○○)

1. 배경

- 동물원의 운영 방식은 예전 방식을 그대로 답습하고 있으며, 이는 현재 고객의 수요를 충족하지 못하여 지속적인 관람객 감소의 원인이 되고 있음

- 최근 5년간 동물원 방문객 수가 급감하고 있으며 내·외부 전문가 및 언론, 지역 주민들의 질타를 받으며 폐장 위기에 처해 있어 대책 마련이 필요함

2. 현황 및 문제점

- 현황
  - 현재 동물원은 일본 내 92개 동물원 중 관람객 수가 최하위를 기록하고 있음
  - 적자 규모 또한 연 ○○○엔으로 1년 이상 운영이 힘들어 예산을 지원해 주는 시청에서도 폐장을 권고하고 있음
  - 관광산업에 대한 의존도가 큰 주민들 또한 동물원을 폐장하고 타 시설로 교체하기를 희망하고 있음

- 문제점
  - 지역별 특색을 살리지 못한 동물원 프로그램 및 다양한 전시 형태 부재
  - 우리에만 갇혀 있어 생기 없어 보이고 동물별 특성을 제대로 보여줄 수 없음
  - 고객의 수요를 반영하지 못한 참여형 프로그램 및 다양한 볼거리 부족

기획 보고서의 Why 부분

강력한 설득의 시작 Why

기획 보고서의 제목은 부제와 주제로 구분하여 두 줄로 작성했다. 부제는 보고서를 읽고 싶게 만드는 역할을 하며 주제는 목적과 수단으로 보고서의 내용을 함축하여 작성했다.

배경에서는 내·외부 환경 변화와 현재 동물원을 둘러싼 문제의 심각성과 중요성을 제기했다. 기획의 명분이 되는 부분이다.

현황에서는 현재 동물원이 처한 상황과 이 문제가 끼치는 악영향에 대해 제시했다. 타 동물원과의 비교를 통해 현재 상황의 심각성을 강조했고, 구체적인 근거를 통해 현황을 증명했다. 그리고 현황을 만든 원인을 분석하여 세 가지 관점에서 문제점을 제시했다.

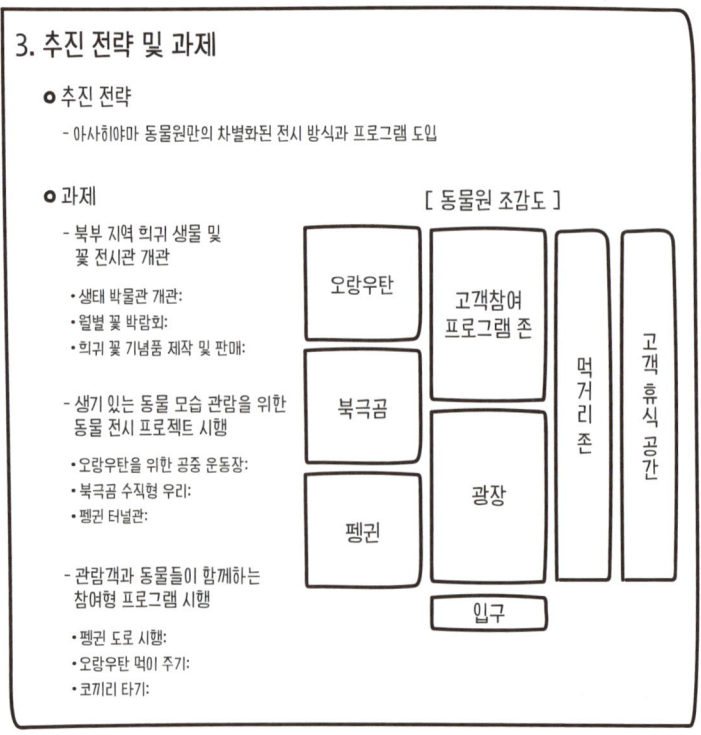

기획 보고서의 What

기획의 핵심이자 본론, What

과제는 앞서 제시한 문제점에 대한 대응 방안이자 실행해야 할 일의 목록으로, 기획의 핵심이다. 앞서 제시한 문제점의 내용을 개선하고 제거하는 형태로 1:1 매칭 방식을 취했다. 상위 카테고리 하에 별도 과제를 3개씩 배치하여 총 9개의 과제를 도출했다.

전략은 여러 가지 과제를 묶어서 '한마디로 방향성이 뭐지?'라는 질문에 대한 답으로 썼다. '차별화된 전시 방식과 프로그램'을 큰 방향성으로 하여 하위 과제들과의 연계성을 확보했다.

4. 실행 계획

구분	업무 내용	담당	1월	2월	3월	4월	5월	6월	7월	8월	9월	10월	11월	12월
프로젝트 기획	프로젝트 기획	동물전시 기획팀	■	■										
	시의회 보고	동물전시 기획팀		■	■									
희귀 생물 및 꽃 전시관	전문가 협의회 구성	식물 전시 운영담당			■	■								
	월별 전시 계획 수립	식물 전시 운영담당				■	■							
	주요 꽃 및 생물 수집	식물 전시 운영담당						■	■					
동물 전시 프로젝트	오랑우탄 공중 운동장:	동물 전시 운영팀						■	■	■				
	북극곰 수직형 우리:	동물 전시 운영팀							■	■				
	펭귄 터널관:	동물 전시 운영팀							■	■				
참여형 프로그램	고객 설문 조사 및 전문가 포럼	이벤트 기획팀								■	■			
	프로그램 기획 및 파일럿 테스트	이벤트 기획팀									■	■		
홍보 및 이벤트	블로그 활용 이벤트 진행	대외 협력실									■	■	■	
	JTV 시사직격 프로그램	홍보팀										■	■	
동물원 개장식	동물원 개장 이벤트 및 개장	경영 기획팀												■

기획 보고서의 How

기획을 추진해 나가는 방법 How

실행 계획의 핵심은 구체화, 세분화이다. 모호하고 큰 덩어리의 과제를 잘게 쪼개어 작은 단위의 업무로 표현한다. 여기에 담당자와 일정을 결합하여 보여 주면 좀 더 실현 가능한 형태가 된다. 전문용어로 WBS라고 한다고 설명한 바 있다. 추진 일정을 좀 더 시각적인 형태로 보여 주기 위해 간트 차트를 적용했다.

```
5. 목표 및 기대 효과
  ο 목표
    - 2000년 연 관람객 수 100만 명, 2010년 연 관람객 수 200만 명 달성
    - 연평균 수익 100만 엔 이상 달성
  ο 기대 효과
    - 생기 있는 동물원 구현을 통해 직원들 만족도 증대 및 업무 효율화 기대
    - 지역 주민 만족도 및 관광 수입 증대, 확고한 관광 도시 이미지 구현
    - 국민들에게 제대로 된 볼거리 제공을 통한 대국민 홍보 및 타국에까지 홍보 가능
```

기획 보고서의 So What

기획의 마침표, So What

마지막은 목표 및 기대 효과이다. 기획의 정점을 찍는 순간이다. '이것을 왜 해야 하지?'라는 상대방의 의구심을 한 방에 무너뜨려야 한다.

목표는 관람객과 수익 측면에서 수치 + 기간으로 표현했고 기대 효과는 직원, 지역, 국가적인 측면에서 다각적으로 작성했다.

PART 3
표현력

깨진 유리창의 법칙이라는 말이 있다. 어느 상점의 유리창이 깨져 있을 때가 그렇지 않은 상점보다 범죄 발생 확률이 높다는 것이다. 하나를 보면 열을 알 수 있는 것처럼, 깨진 유리창을 그대로 방치하는 것을 보고 경비가 허술하다고 판단하기 때문이다.

이 법칙은 보고서에도 고스란히 적용된다. 오·탈자 등의 사소한 오류, 불분명한 문장, 형식에 어긋나는 내용 등이 깨진 유리창이 되어 보고서 전체의 수준과 신뢰를 무너뜨릴 수 있다. 형식도 보고서의 일부이며, 내용과 비교하여 상대적인 중요성이 떨어지지 않는다고 생각한다.

PART 3에서는 보고서의 형식과 외관을 결정하는 표현력에 관해 이야기한다. 크게 구조화 표현력, 문장 표현력, 시각적인 표현력 세 가지 내용을 다룬다.

첫 번째는 구조화 표현력이다. 구조화 표현력은 정보나 생각을 낱개로 보여 주는 것이 아니라 덩어리로 보여 주는 방식을 의미한다. 상대방의 머릿속에 산발적으로 정보를 구겨 넣는 것이 아니라, 체계적으로 정리하여 그림 그리듯이 전달하는 방법이다. 한마디로 상대방이 보고서를 '읽게' 만드는 것이 아니라 '보게' 만드는 기술이다. 구조화 표현력을 익혀서 적용하면 상대방은 내 보고서를 보는 즉시 '아하' 하고 이해할 수 있을 것이다.

두 번째는 문장 표현력이다. 중언부언하거나 장황한 문장은 힘이 없고, 전달력이 떨어진다. 보고서의 문장은 간결하고 또 간결해야 한다. 간결하고 힘 있는 문장으로 전달력을 높이는 방법에 대해 알아본다. 뜻이 애매모호하거나 지나치게 어려운 문장은 상대방을 혼란스럽게 만든다. 별도의 대면 보고 없이 서면 보고만으로도 내용을 이해할 수 있도록 쉽고 정확한 문장을 쓰는 방법에 대해 알아본다. 마지막으로 보고서에 자주 활용되는 문장 기호의 효과적인 활용법에 대해 이야기한다.

세 번째는 시각적 표현력이다. 보기 좋은 떡이 먹기에도 좋은 것처럼, 시각적 표현력을 통해 상대방이 읽고 싶은 세련된 보고서를 만들 수 있다. 텍스트를 도해로 정리하는 패턴을 통해 가독성을 높이는 방법과 표와 차트의 효과적인 활용 방법에 대해 알아본다.

마지막으로 보고서의 표준 형식과 항목 구분, 숫자 표현 등에 대해 알아보는 것으로 시각적 표현력을 마무리한다.

이번 장은 비단 기획 보고서만 아니라 모든 유형의 보고서에 적용할 수 있는 내용이다. 또한 보고서가 아닌 일반적인 글쓰기나, 말을 할 때도 충분히 적용할 수 있는 방법이니 적극적으로 활용해 보기 바란다.

CHAPTER 7
구조화 표현력

예전에 《개그콘서트》라는 TV 프로그램에 〈애정남〉이라는 코너가 있었다. '애매한 것을 정리해 주는 남자'라는 뜻인데, 세상 애매한 내용도 정말 깔끔하게 정리해 주곤 했다. 영화관 팔걸이는 왼쪽과 오른쪽 중 어느 것이 내 것인지부터 조카들 용돈은 얼마를 주어야 하는지에 이르기까지 시시콜콜하거나 사소한 것도 명쾌하게 정리해 주었다.

그중 인상적이었던 것은 '지인 결혼식 축의금으로 얼마가 적당한가'라는 주제였다. 애정남은 이렇게 운을 떼고 코너를 시작한다.

"여러분, 축의금 3만 원은 택시로 치면 기본요금입니다. 친하지 않다고 오천 원 내고 만 원 내는 사람 없어요. 중요한 것은 언제 3만 원이고, 언제 5만 원이냐는 것입니다. 애매해요잉~! 제가 정리해 드립니다."

그의 정리에 따르면 기준은 다음과 같다.

비수기: 5만 원
성수기: 3만 원

이유 또한 명쾌하다.

"성수기에는 우리가 돈을 많이 씁니다. 결혼하는 분들이 이해해 주셔야 해요. 5만 원 받고 싶으면 비수기에 결혼하세요."

이런저런 이야기가 이어지고, 코너 후반에는 5만 원과 10만 원을 내는 상황까지 명쾌하게 정리해 준다. 그렇게 약 3분 정도의 코너가 끝나고, 개그콘서트가 끝나도 머릿속에 명쾌하게 남는 것이 하나 있다.

성수기 3만 원, 비수기 5만 원

왜 그런 것일까?

애정남의 말하기 방식에 구조화된 표현 방법이 적용되어 있기 때문이다. 만약 애정남이 성수기, 비수기라는 큰 틀을 제시하지 않고 1월에 5만 원, 2월에 5만 원, 3월에 3만 원, 4월에 3만 원… 12월에 5만 원이라고 정보를 나열해서 말했다면, 이것을 기억할 수 있는 사람이 있기는 할까?

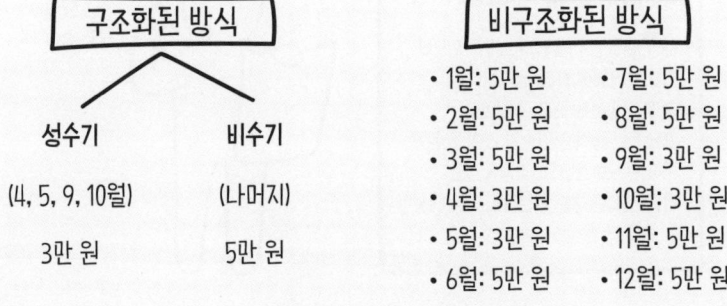

구조화(큰 틀) vs 비구조화(나열)

이런 구조화 표현력은 보고서에서도 빛을 발한다. 보고서의 내용을 산발적으로 '나열'하는 것이 아니라, 어떤 기준에 의해서 체계적으로 '배열'한다면 보고서의 설득력은 올라갈 것이다. 보고서 표현력 중 가장 중요한 '갑 오브 갑'이라고 할 수 있다.

1. 구조화인가 비구조화인가, 구조화 사고의 힘

생각이 많은 것은 '득'이지만 정리가 되지 않는 것은 '독'이다. 가끔 정리하지 않고 말하거나 글을 쓰는 사람을 보면 해독해 주고 싶다는 생각이 든다. 특히 보고서에 많은 정보가 정리되지 않은 채 나열된 것을 보면 한 가지 생각밖에 들지 않는다.

'정리 좀 해서 쓰지….'

보고서를 잘 쓰는 사람은 생각나는 대로 나열하지 않고 생각을 정리해서 구조화된 방식으로 그림 그리듯이 쓴다.

전형적인 나열식, 서술형 전개 방법

예를 들어 '배우자 선택 시 고려 사항'이라는 주제로 보고서를 쓴다고 하자. 생각이 정리되어 있지 않은 보고서는 읽는 내내 짜증이 나며, 읽고 나서도 무슨 말인지 모르는 경우가 많다. 내용을 기억한다는 것은 더더욱 어려운 일이다. 이런 방식을 나열식 또는 서술형 방식이라고 한다.

개조식 전개 방법

　서술형 방식보다 좀 더 나은 방식은 개조식 표현이다. 개조식 표현의 특징은 크게 두 가지라고 할 수 있다. 단문으로 짧게 끊어 쓰고, 문장 앞에 번호나 글머리 기호를 붙이는 것이다. 개조식으로 표현하면 좀 더 정리된 느낌이 들어서 보는 사람이 읽기에 편하다. 하지만 개조식의 경우에도 전달할 내용이 많거나 복잡하면 그 내용을 기억하기가 쉽지 않다.

　이제 보고서 작성의 '끝판왕', 구조화 표현을 알아보자. 구조화는 유사하거나 공통된 내용을 묶고 상위 카테고리로 정리하여 보여 주는 방식이다.

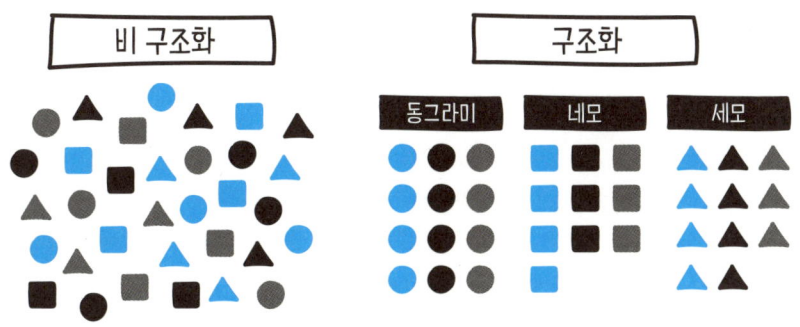

구조화 방법

왼쪽 그림처럼 산발적으로 정보를 뿌리는 것이 아니라, 오른쪽 그림처럼 일정한 기준에 따라 정보를 체계적으로 정리해서 큰 틀로 제시하는 방식이다. 상위에 있는 큰 틀을 먼저 제시하여 상대방 머릿속에 인지시킨 후, 세부 정보들을 그 틀 안에 집어넣어 설명하는 방식이다. 산발적으로 정보를 전달하는 방식에 비해 이해도 빠르고 기억하기도 쉽다.

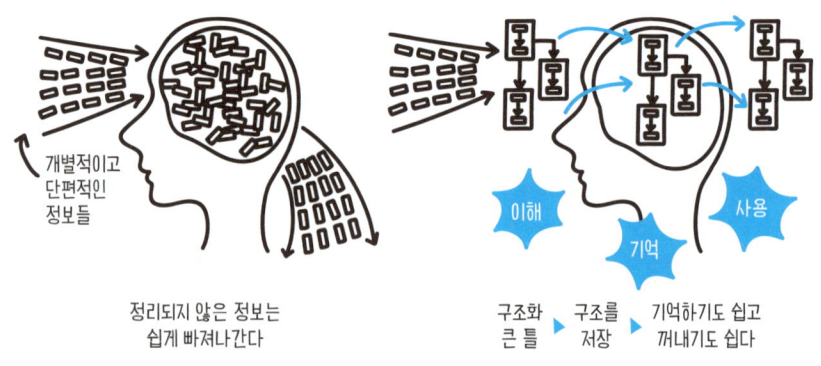

구조화 사고의 원리와 효과

이렇게 하는 것이 설명에 유리하고 상대를 이해시키기 쉬운 이유는 우리 뇌가 정보를 처리하는 방식과도 관련이 있다. 우리의 뇌는 정리되어 있지 않은 단편적인 정보들은 그냥 흘려보내는 경향이 있는 반면, 큰 틀에 맞춰 구조적으로 입력된 정보는 더욱 쉽게 이해하고 기억한다. 재킷, 셔츠, 팬츠 등 종류가 체계적으로 정리된 옷 가게와 옷들이 마구잡이로 흩어져 쌓여 있는 떨이 코너를 비교해 보면 알기 쉽다. 무슨 옷이 어디에 있는지 입력되는 정보들이 머릿속에 훨씬 잘 박히는 쪽은 누가 봐도 전자일 것이다.

여기서 잠시, 뜬금없지만 자기소개를 좀 해 보려고 한다. '장점'과 '단점'으로 나누어 이야기해 보겠다.

이렇게 말하는 순간, 아마 여러분의 머릿속에는 '장점'이라는 틀과 '단점'이라는 틀이 만들어졌을 것이다. 이렇게 틀을 정한 다음 장점은 이러한 것들이 있고, 단점은 저러한 것들이 있다는 순서로 말하면 좀 더 쉽고 빠르게 이해할 수 있다.

구조화 방식을 적용한 보고서

이제 앞의 보고서를 구조화 방식으로 정리해 본다. 보는 순간 한눈에 확 들어온다. 세세한 내용을 보기 전에 [외적인 부분], [사회성 부분], [경제적인 부분]의 큰 틀을 인식한 상태에서 세부 정보를 접하면 이해도 쉽고 기억에도 용이하다.

그렇다면 효과적으로 구조화를 하는 방법에는 어떠한 것들이 있을까? 물론 연습을 통해 습관화하는 것이 가장 좋지만, 세 가지 방법을 추천해 본다.

> **구조화를 잘하는 세 가지 방법**
>
> 1. 머릿속에서 정리하지 말고 눈앞에 꺼내 놓고 정리한다.
> 2. 구조화 패턴을 많이 익혀 둔다.
> 3. 구조화의 기준을 찾자. 기준이 구조화의 핵심이다.

첫 번째 방법은 생각을 머릿속에서 정리하지 않고 눈앞에 꺼내어 정리하는 방식이다. 상식적으로, 눈에 보이지 않는 머릿속 생각을 정리하는 일은 쉽지 않다. 일단 눈앞에 보이게 펼쳐 놓아야 한다. 가장 먼저 할 일은 메모지, 포스트잇, A4 용지 등에 구조화 대상이 되는 정보들을 꺼내서 눈에 보이게 하는 것이다. 그다음 유사한 항목을 묶어서 큰 틀로 정리한다. 이렇게 하면 효과적이고 효율적으로 구조화를 진행할 수 있다.

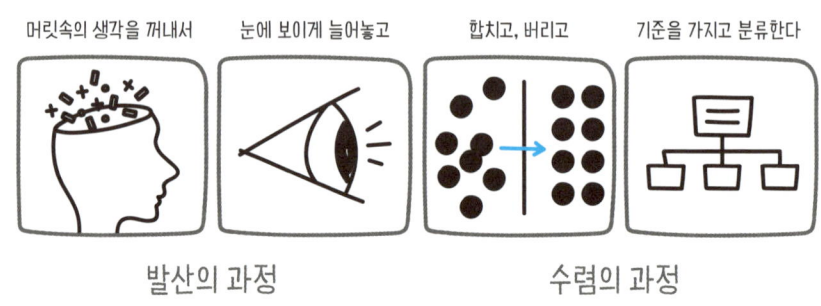

구조화는 눈앞에서 하는 것이 좋다

이 방식은 최근 주목받는 정리 컨설턴트들의 업무 처리 방식과 유사하다. 이들은 일단 옷부터 소품, 가구까지 모두 가져와 잘 보이도록 펼쳐 놓은 다음 정리를 시작한다. 정리(구조화)는 이렇게 시작하는 것이다.

두 번째는 구조화 패턴을 많이 익히고 외워 두는 것이다. 세상에는 이미 많은 사람이 정리해 놓은 다양한 구조화 틀이 있다. 이런 패턴들을 외워 두면 빠르게 구조화를 할 수 있으며, 일부 내용을 변형해서 여러 가지 구조화 패턴으로 활용하는 것도 가능하다.

다양한 패턴이 있지만, 가장 쉽고 빠른 구조화 패턴은 반대 또는 상대되는 개념들의 구조화다.

다양한 정보들을 반대되는 두 가지 개념의 큰 틀로 정리하는 구조화 패턴은 보고서에서 가장 많이 활용되는 방식이다. 특히 환경 분석을 할 때, 대내적인 측면과 대외적인 측면으로 구분하는 방식은 가장 익숙한 패턴이라고 할 수 있다.

구조화 패턴 1: 상대 또는 반대 개념

시간이나 절차, 흐름, 구성 요소 등도 중요한 구조화 패턴이 된다. 아래 내용 외에 1990년대, 2000년대, 2010년대의 방식이나 작년, 올해, 내년의 방식도 효과적인 구조화 패턴이 될 수 있다.

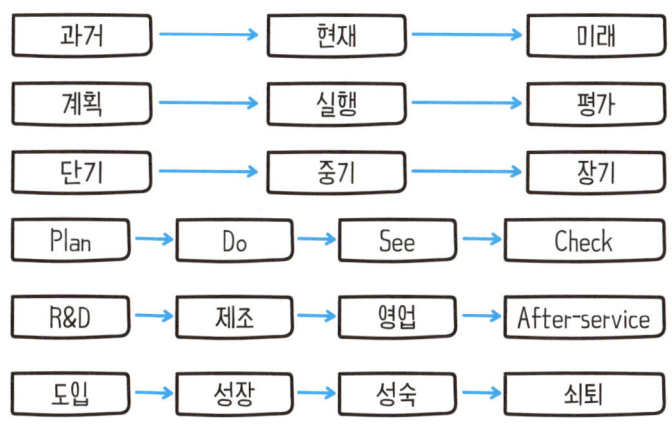

구조화 패턴 2: 시간 순서, 절차, 구성 요소 등

마지막으로, 소위 우리가 프레임워크라고 부르는 것들이 있다. 이미 상대방도 잘 알고 있는 틀이기 때문에 설득에 용이한 패턴이며, 오랜 시간에 걸쳐 숙성되고 활용된 방식이기에 검증된 구조화 패턴이라고 할 수 있다.

사업 환경 분석(3C)
- Customer
- Company
- Corporation

전략 개발(SWOT)
- 기회 요인
- 위협 요인
- 강점
- 약점

전략 수립(7S)
- Strategy
- Structure
- System
- Staff
- Skill
- Shared Value
- Style

Business System
- 연구개발
- 생산
- 유통
- 판매
- 서비스

마케팅(4P)
- Product
- Price
- Promotion
- Place

디지털 비즈니스
- Content
- Community
- Communication
- Commerce

역할 행동(CARE)
- Capability
- Authority
- Responsibility
- Evaluation

경쟁 세력(5 Forces)
- 경쟁자
- 공급자
- 구매자
- 대체자
- 신규 진입자

프로세스 요건
- 기준
- 절차
- 지식/스킬
- 장비/도구

현장 Trouble(4M)
- Man
- Machine
- Material
- Method

구조화 패턴 3: 잘 알려진 프레임워크

세 번째, 구조화에 능한 사람은 같은 정보들을 가지고 여러 가지 구조화 패턴을 자유자재로 만들 수 있다. 다양한 기준을 적용하여 한 가지가 아닌 두세 가지 이상의 구조화가 가능하다. 본격적인 설명에 앞서 아래 내용을 살펴보자.

> 아내: 여보, 갑자기 사과가 먹고 싶네. 버터도 좀 필요하고….
> 남편: (나갈 준비를 한다.)
> 아내: 잠깐만. 냉장고에 요구르트가 있나 좀 볼게. 아기가 먹어야 해서….
>   아, 파도 없네.
> 남편: (옷을 주섬주섬 챙겨 입고 문 쪽으로 간다.)
> 아내: 아, 이유식에 넣을 당근하고 감자도 필요하니 꼭 사 와야 해.
> 남편: (계단을 내려간다.)
> 아내: (등 뒤에 대고 소리치며) 앗, 배랑 양파도! 잊으면 안 돼!

> 남편: (차 문을 열고 아내를 째려본다.)
> 아내: 그리고 여보! 아침에 토스트에 넣어 먹을 치즈도!
> 남편: …이제 다 됐어?
> 아내: 응, 여보. 고마워요.

다른 사람은 모르겠지만 내가 만약 저 남편이었다면 아내가 말한 내용을 하나도 기억하지 못할 것 같다. 전형적인 나열식 전달 방식을 사용했기 때문이다. 아내는 단지 말을 했을 뿐, 제대로 전달하지는 못했다. 복잡하고, 정리가 되어 있지 않다. 이를 구조화 표현으로 정리하면 아래와 같은 내용이 된다.

나열식 방식
사과, 버터, 요구르트, 파, 당근, 감자, 배, 양파, 치즈

구조화된 방식
채소: 파, 양파, 당근, 감자
과일: 사과, 배
유제품: 치즈, 버터, 요구르트

아내가 만약 구조화 방식을 알았다면 다음과 같이 말하고 시작했을 것이다.

"여보, 마트에 가서 채소, 과일, 유제품 코너에 좀 들러야 해. 채소 코너에서는 파, 양파, 당근, 감자 좀 사고…."

어쩐지 좀 더 정리되고 기억하기 쉽다는 생각이 들지 않는가?
그러면 여기서 추가 질문 하나를 해 본다.

'구조화 패턴이 꼭 이것밖에 없을까?'

앞의 내용은 전형적인 제품 특성에 따른 구조화 방식이었지만, 꼭 그것만 가능한 것은 아니다. 기준에 따라 다양한 구조화 패턴이 만들어질 수 있다. 예를 들어 필요 주체, 구매 필수 유무, 보관 방법의 기준을 적용하면 아래와 같은 구조화 표현이 가능하다.

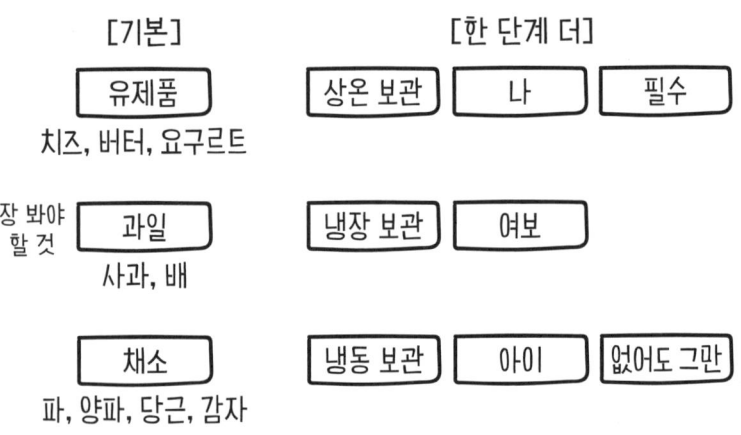

기준에 따라 전개되는 다양한 구조화 패턴

다양한 기준을 가지고 구조화를 할 줄 아는 아내였다면, 아마 이렇게 말하지 않았을까?

"여보, 오늘 장을 봐야 할 물품은 크게 세 가지 종류야. 상온, 냉장, 냉동 보관할 제품들인데, 먼저 상온에서 보관할 것은 사과, 감자, 양파…."

늘 하던 대로, 남이 해왔던 방식으로, 익숙한 방식으로 정보를 정리하고 구조화하면 매번 같은 생각밖에 나오지 않는다. 여러 가지 기준을 가지고 다양한 방식으로 구조화를 해 보자. 새로운 방식으로 정보가 정리되고 그때부터 새로운 생각이 보이기 시작할 것이다.

앞서 생각이 많은 것은 득인데 정리가 되지 않으면 독이라고 이야기했다. 내 보고서가 득이 될 것인지 독이 될 것인지 그 성패는 구조화에 달려 있다고 해도 과언이 아니다. 이제, 나열이 아닌 배열, 낱개가 아닌 덩어리를 보여 주는 구조화 방식을 통해 보고서를 해독하고 설득력을 높여 보자.

 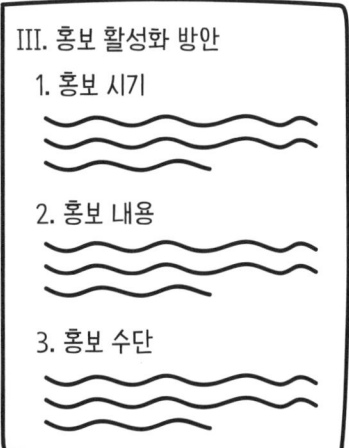

주저리주저리 나열하지 말고 구조화하자

2. 구조화 표현의 3가지 패턴: 키워드형, 문장형, 결합형

구조화 표현은 보고서 전반에 걸쳐 활용할 수 있지만, 특히 빛을 발하는 곳이 있다. 바로 문제점과 해결책을 제시하는 부분이다.

기획을 시작하고 문제점을 분석하다 보면 이런저런 문제점이 많이 떠오른다. 최대한 많이 찾는 것이 기획의 정수라고 이야기했지만, 이렇게 찾은 문제점들을 단순히 나열하는 것은 좋은 방식이 아니다. 이때 필요한 것이 바로 구조화 표현력이다.

II. 문제점
- 민간 영역의 글로벌 진출 지원 역량 부족
- 글로벌 창업의 성공·실패 사례에 대한 정보 공유 시스템 미흡
- 해외 현지의 아이디어를 발굴·지원하는 창업 프로그램 부재
- 해외 현지 네트워크 미흡
- 글로벌 창업 관련 전문인력 양성 체계 미흡
- 글로벌 창업 기업의 특성을 반영한 제도 부재
- 국내 벤처기업은 내수시장에 집중 및 글로벌 진출에 대한 의지 부족

II. 문제점
- ☐ (정부) 글로벌 창업을 위한 종합적·전문적 지원 체계 미비
  - 글로벌 창업의 성공·실패 사례에 대한 정보 공유 시스템 미흡
  - 글로벌 창업 관련 전문인력 양성 체계 미흡
  - 글로벌 창업 기업의 특성을 반영한 제도 부재
- ☐ (해외) 해외 현지 지원 방안 및 협력 체계 부족
  - 현지의 아이디어를 발굴·지원하는 창업 프로그램 부재
  - 현지 네트워크 미흡
- ☐ (기업) 해외 시장 진출을 위한 자체적인 노력 및 역량 부족
  - 민간 영역의 글로벌 진출 지원 역량 부족
  - 국내 벤처기업은 내수시장에 집중 및 글로벌 진출에 대한 의지 부족

비구조화된 문제점 제시 vs 구조화된 문제점 제시

위 보고서는 국내 기업의 해외 진출이 활성화되지 않는 문제점을 분석한 내용이다. 왼쪽의 보고서는 자그마치 일곱 가지나 되는 문제점을 나열해 놓으니 복잡해 보인다. 여기에 생략된 세부 내용까지 더하면 보고서는 복잡하고 또 복잡해진다. 오른쪽과 같

이 수정해 보았다.

나열된 일곱 가지 문제점을 주체에 따라 정부, 해외, 기업으로 구조화하여 제시했다. 이렇게 구조화해서 표현하면 보고서를 보는 사람은 머릿속에서 정부, 해외, 기업이라는 큰 틀을 가지고 내용을 파악할 것이다. 이해도 빠르고 기억하기도 쉬운 방식이다.

과제를 제시할 때도 마찬가지다. 아무리 아이디어가 많고 과제의 내용이 좋아도 단순히 나열된 정보는 상대방의 머릿속을 복잡하게 할 뿐이다. 구조화된 틀로 제시하여 상대방의 이해를 돕고 설득력을 높여 보자.

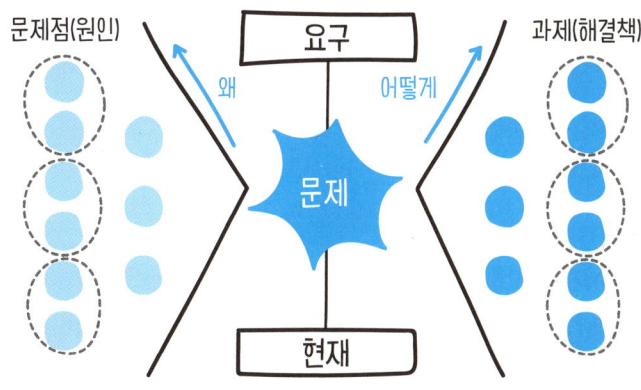

문제점이나 과제를 제시할 때 구조화 방식을 활용하자

구조화 패턴은 크게 두 가지 유형으로 정리할 수 있다. 키워드형과 문장형이다. 모 교육 센터에 다니는 김 주임이 교육 센터 운영에 관한 기획을 한다고 가정해 보자. 이때 구조화 사고 능력이 없는 김 주임은 왼쪽과 같이 나열하는 방법을 선택할 것이다. 하지만 구조화 사고 능력이 있다면 오른쪽과 같이 구조화된 방식으로 제시할 것이다.

이때 [인력], [시설], [운영] 등 단어 위주로 큰 틀을 정리하는 방식이 키워드형 구조화 방식이다.

**김 주임이
구조화 사고 능력이 없으면**

교육 센터 운영상의 문제점
- 교육 사업 관련 컨트롤 타워의 부재
- 인력 관리 시스템의 부재로 인력 가동률 저하
- 곳곳에 산재되어 있는 교육 센터
- 교보재 보유 현황의 일관성 부재
- 최신 강의 콘텐츠 미비
- 강의 시설(책상, 의자, 빔 등)의 낙후

**김 주임이
구조화 사고 능력이 있으면**

- 인력
  - 조직 구조의 부적합성
  - 인력 관리 미흡
- 시설
  - 강의 시설 부족
  - 센터 외 부대시설 부족
- 운영
  - 교육 콘텐츠 관리
  - 업무 프로세스 구축

키워드형 구조화 방식

반면 아래 예시처럼 하위 내용을 압축하고 요약하여 문장으로 정리하는 문장형 구조화 방식도 있다.

**김 주임이
구조화 사고 능력이 없으면**

교육 센터 운영상의 문제점
- 교육 사업 관련 컨트롤 타워의 부재
- 인력 관리 시스템의 부재로 인력 가동률 저하
- 곳곳에 산재되어 있는 교육 센터
- 교보재 보유 현황의 일관성 부재
- 최신 강의 콘텐츠 미비
- 강의 시설(책상, 의자, 빔 등)의 낙후

**김 주임이
구조화 사고 능력이 있으면**

- 인력 구성 및 관리의 부재
  - 조직 구조의 부적합성
  - 인력 관리 미흡
- 적정 시설 및 운영 경험 부족
  - 강의 시설 부족
  - 센터 외 부대시설 부족
- 교육 운영 미흡
  - 교육 콘텐츠 관리
  - 업무 프로세스 구축

문장형 구조화 방식

두 가지 방식 모두 정보를 나열하는 방식보다 정리된 방식이라고 할 수 있다. 양측 모두 효과적인 구조화 방법이지만, 각각이 가지는 장단점이 있으니 경우에 맞게 활용하기 바란다.

키워드형	구분	문장형
가독성	효과	효율성
좀 더 간결하게 정리된 느낌으로 보인다.	장점	필요에 따라, 상위 메시지만 읽으면 하위 메시지를 읽지 않아도 된다.
상대방이 하위 메시지를 모두 읽어야 하는 수고가 따른다.	단점	상위 메시지를 만들기가 쉽지 않고, 문장이 길 경우 복잡해 보일 수 있다.

두 가지 구조화 패턴의 장단점

키워드형은 간결성을 최우선으로 한다. 보고서가 간결해지고 보는 사람에게 좀 더 정리된 느낌을 줄 수 있다. 하지만 키워드만 읽고 전체 내용을 이해하기는 어려우므로 하위 내용까지 모두 읽어야 하는 수고가 따른다. 반면 문장형의 경우에는 효율성을 최우선으로 한다. 보는 사람이 상위 메시지만 읽어도 이해가 되는 경우, 필요에 따라 하위 메시지를 읽지 않아도 된다. 상대방에게 선택권을 주고 시간을 절약해 주는 방식이다. 하지만 하위 메시지를 모두 포괄하면서 요약된 형태로 상위 메시지를 작성하는 것은 생각보다 어려운 일이다.

때로는 두 가지 패턴을 결합한 방법을 쓰기도 한다. 일차적으로 괄호를 사용하여 키워드로 정리한 후, 뒤에 문장 형태로 다시 한번 정리하는 방식이다. 두 가지 패턴의 장점을 모두 취하는 가장 효과적인 구조화 패턴이라고 할 수 있다.

김 주임이 구조화 사고 능력이 없으면

교육 센터 운영상의 문제점
- 교육 사업 관련 컨트롤 타워의 부재
- 인력 관리 시스템의 부재로 인력 가동률 저하
- 곳곳에 산재되어 있는 교육 센터
- 교보재 보유 현황의 일관성 부재
- 최신 강의 콘텐츠 미비
- 강의 시설(책상, 의자, 빔 등)의 낙후

김 주임이 구조화 사고 능력이 있으면

- (인력) 인력 구성 및 관리의 부재
  - 조직 구조의 부적합성
  - 인력 관리 미흡
- (시설) 적정 시설 및 운영 경험 부족
  - 강의 시설 부족
  - 센터 외 부대시설 부족
- (운영) 교육 운영 미흡
  - 교육 콘텐츠 관리
  - 업무 프로세스 구축

두 가지 패턴의 장단점을 합친 결합형

다만, 결합형이 효과적이라고 해서 무조건 적용하는 것은 옳지 않다. 특히 괄호의 내용과 문장의 내용이 중복되면 복잡함만 가중될 수 있으니 주의해서 사용하는 것이 좋다.

문제점

- **(재촬영 관련 규정 부재)** 고가영상검사의 경우, <u>재촬영 관련 규정이 부재하여</u> 병원의 자율적 판단 하에 재촬영 시행

- **(정확한 진료정보 부재)** 고위험 환자의 경우 이전 병원에서 시행한 영상 검사 등 <u>정확한 진료 정보가 부재하여</u> 검사 재시행

- **(재촬영률 평가지표 부재)** 의료기관의 재촬영 관련 현황 파악을 위한 <u>재촬영률에 대한 평가 지표 부재</u>

괄호 내용과 문장 내용의 중복은 피한다

위의 경우 괄호의 내용과 밑줄 친 문장의 내용이 반복되기 때문에 괄호를 사용한 의미가 없다. 괄호를 없애거나 밑줄 친 내용을 다른 말로 수정하는 것이 좋다.

지금까지 세 가지 구조화 패턴을 소개했다. 어느 것이 효과적인지는 상황이나 사람에 따라 차이가 있을 수 있다. 상사의 스타일이나 기관의 성격에 맞게 활용하기 바라며, 몇 가지 예시를 통해 각각의 활용법을 확인해 보기 바란다.

○ 제품 개발
- 소비자가 원하는 '목 넘김이 가벼우면서 맛이 좋은 드라이 맥주'를 개발함.
- 영남 지역 최상급 보리를 확보하여 최고 품질의 맥주를 생산함.

○ 제품 홍보
- 100만 소비자 대상, 시음용 맥주를 제공하는 이벤트·캠페인 전국 시행.
- Youtube를 중심으로 한 영상매체를 통해 대대적 광고 캠페인 3달간 시행.
- 대형 마트 및 주류 판매점 대상 판촉 행사 한 달간 시행.

○ 제품 유지
- 공장 생산일로부터 7일 이내 제품만 유통하고 나머지는 폐기함.
- 미스터리 쇼퍼 및 고객 평가 제도를 도입하여 품질 관련 정보를 지속적으로 수집함.

키워드형 구조화 예시

위의 예시에서는 맥주 생산부터 판매와 관리에 이르기까지 10가지 내용을 제품 개발, 제품 홍보, 제품 유지라는 세 가지 키워드로 정리해서 구조화했다. 프로세스를 구조화의 기준으로 적용하여 순차적인 내용이 효과적으로 전달되고 있다.

2. 문제점

o 축산 폐기물 처리 인프라 및 전문성 부족
- 축산 폐기물에 대한 분리 및 보관 시설, 운반 장비 부족
  * 현재 10개소가 운영 중이나 폐기물 발생량에 비해 50% 이상 부족함
- 축산 폐기물 위탁 운영 업체의 영세성 및 노하우 부족으로 생산성 하락

o 축산 폐기물 처리 관련 제도의 부적절성 및 규정 미흡
- 폐기물 처리 보상금과 관련된 비현실적 지급으로 축산농가의 불만 급증
- 규정의 사각지대를 이용한 일부 축산 농가의 불법적인 폐기물 배출

o 축산 농가의 폐기물 처리에 대한 인식 부족
- 인구 고령화로 인하여 지속적인 안내에도 불구하고 불법적인 배출 지속
- 사육장 폐기 시 폐기물을 그대로 방치하는 현상 발생

문장형 구조화 예시

위 내용은 A 시의 축산물 폐기에 관한 문제를 다룬 보고서로, 축산물 폐기가 제대로 이루어지지 않는 문제점(원인)을 인프라, 규정, 인식 차원에서 정리하고 이를 문장형으로 구조화했다. 문장으로 정리한 내용만 보고 넘어가도 보고서를 이해하는 데 큰 무리가 없다.

문제점

o (신규인력) '21년 채용된 신규직원들에 대한 교육 기회 부족
- 코로나19로 기존 예정되어 있던 신규직원 집합 교육 무기한 연기
- 직무의 특성상 입사 전 직무에 대한 경험 및 학습 기회 부재

o (기존인력) 기존 직원들의 예기치 못한 업무 이탈이 증가
- 코로나 19로 연차휴가, 특별육아휴가 등으로 인한 업무 이탈 비중 증가
  ※ 전년도 9월 대비 업무 이탈자 수 약 2배 증가('19년 20명 → '20년 40명)
- 동료 간 갈등으로 인한 퇴사자 증가

결합형 구조화 예시

위 내용은 조직 내 업무 과실이 자주 발생하고 민원이 증가하는 상황을 개선하기 위한 보고서의 일부로, 문제점(원인)을 신규 인력과 기존 인력으로 구조화하여 정리하였고, 결합형 구조화 패턴을 적용했다.

  마지막으로 아래 내용처럼 문단의 위쪽에 도해로 구조화 패턴을 적용하는 방법도 있다. 도해로 표현된 프로세스를 머릿속에 넣고 하위 내용을 읽으면 좀 더 이해가 쉽다.

점검 방법

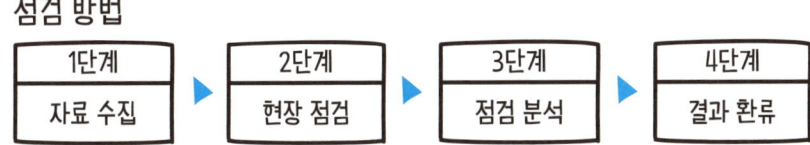

- (자료 수집) 업무 추진 계획 및 제도 개선 요청 사항, 대내·외 지적 사항을 포함한 서면 자료 수집
  - 언론 및 민원접수를 통해 수집한 실질적인 의견 수렴
  - 타 기관 및 기업, 해외 사례와의 비교 분석을 통한 객관적 자료

도해형 구조화 패턴 예시

3. 구조화 표현력, 고급 기술 3가지

구조화 기술의 기본적인 내용에 이어 지금부터는 구조화를 좀 더 세련되고 고급스럽게 할 수 있는 방법에 대해 알아본다. 이른바 구조화 표현력, 고급 기술 세 가지다.

구조화 사고의 고급 기술 세 가지

첫 번째는 MECE 사고이다. 미시 사고 또는 엠이씨이 사고라고 읽는데 단어를 풀어 보면 그 의미를 알 수 있다.

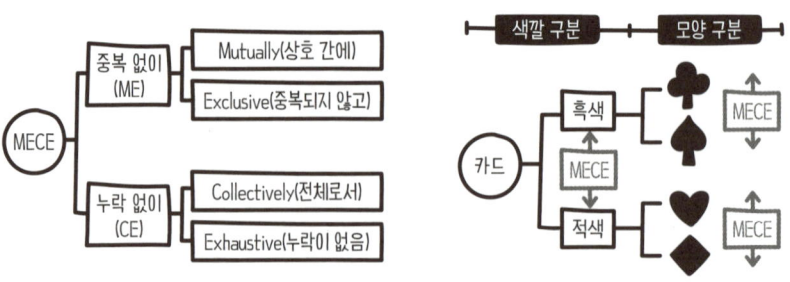

구조화 고급 기술 1, MECE

구조화를 하거나 무엇인가를 분류할 때 분류 내용이 서로 중복되거나 전체적으로 누락이 없어야 함을 의미한다.

예를 들어 아래 왼쪽의 구조화 패턴은 중복과 누락이 없는 경우로 미시에 부합하는 구조화라고 할 수 있다. 반면 오른쪽의 구조화 패턴은 중복이나 누락이 발생한 경우로 미시에 어긋나는 구조화 패턴이다.

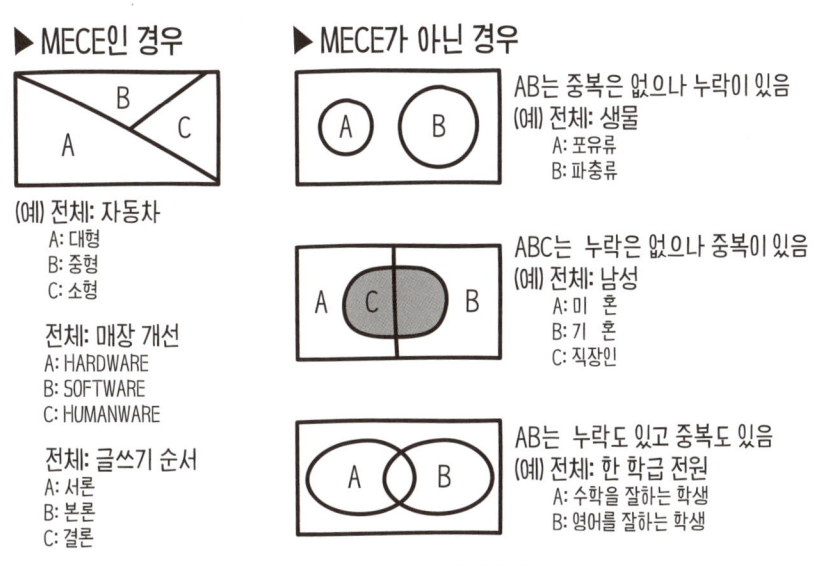

MECE인 경우와 MECE가 아닌 경우

위의 예시로 MECE를 설명하면 다소 쉬운 개념으로 느껴지지만, 실제 보고서에 MECE를 적용하는 것은 생각보다 쉽지 않다. 특히 상호 간에 중복이 많이 발생하는데, 앞서 소개한 아내의 요청 사항을 실습으로 진행하면 가끔 이런 답들이 나오곤 한다.

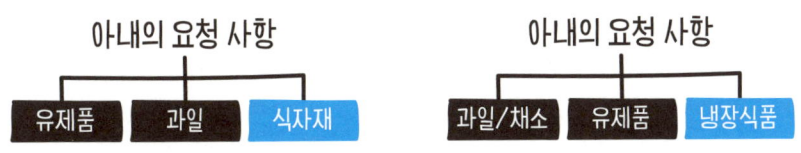

MECE가 아닌 사례

왼쪽의 경우 식자재와 유제품, 식자재와 과일이 서로 중복된다. 유제품과 과일은 식자재에 포함될 수도 있기 때문이다. 오른쪽의 경우도 과일/채소, 유제품 중에 냉장 보관해야 하는 것도 있기 때문에 중복이 발생했다.

왜 이런 실수가 일어날까?

구조화를 할 때 하나가 아닌 여러 기준을 적용했기 때문이다. 왼쪽에서 유제품과 과일은 '제품 종류'라는 기준, 식자재는 '요리 전후'라는 기준이 적용된 것으로 볼 수 있다. 오른쪽의 경우 냉장 식품은 '보관 방법'이라는 기준이 적용된 것이다. 반면 과일/채소와 유제품은 역시 '제품 종류'라는 기준이 적용되어 있다. 만약 오른쪽에서 냉장 식품을 살리고 싶다면 보관 방법이라는 하나의 기준을 적용하여 [상온], [냉장], [냉동] 등으로 구조화해야 MECE에 부합하는 방법이 된다.

MECE는 정보 간 관계를 정리할 때 지켜야 하는 최소한의 룰이다. MECE에 의해 정보를 분류하여 전달하면 상대방이 체계적이라는 느낌을 받을 수 있다. 보고서를 쓰는 사람은 기획에 필요한 전체 요소를 포괄하는 사고가 가능하며 어느 하나의 정보에 편중되는 현상을 방지할 수 있다. 또 중언부언하는 것도 피할 수 있다.

> MECE 사고의 중요성
> - 시스템 사고: 요소들이 전체 구성 요소로서 적합한지 확인 가능
> - 균형적 사고: 어느 한쪽으로 치우치는 오류 방지
> - 간결한 사고: 유사하거나 동일한 내용을 중언부언하여 제시하는 오류 방지

두 번째 고급 스킬은 3의 법칙이다. 3의 법칙은 정보를 구조화하거나 분류할 때 세 가지로 하면 좋다는 이론이다. 사람의 뇌는 정보를 받아들일 때 2개 이하의 정보가 유입되면 '적다', '부족하다'라고 생각한다. 반면 4개 이상의 정보가 유입되면 '많다', '복잡하다'라고 생각한다. 이때 적지도 많지도 않은 균형 잡힌 숫자가 딱 3이다.

[많지도 적지도 않은 균형 잡힌 숫자]   [전체를 규정하는 안정적인 숫자]

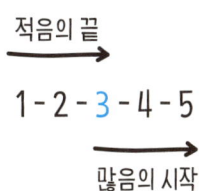

신호등
가위바위보
삼권분립
삼위일체
삼국지
올림픽 금·은·동
정·반·합
서론-본론-결론
노, 사, 정

구조화 고급 기술 2, 3의 법칙

　기획이나 컨설팅 업계에서는 3을 '적음의 끝'이자, '많음의 시작'을 의미하는 숫자라고 하며 많이 활용하고 있다. 또한 세상을 둘러보면 전체를 규정하는 합이 세 가지로 구성된 경우가 많다. 예로부터 우리나라는 '엄마, 아빠, 아이'의 셋을 가장 안정적인 형태의 가족 구성으로 인식했고, 이 외에도 거리 위 신호등의 세 가지 색깔이나 올림픽의 금·은·동, 삼각대 등은 매우 안정적인 합을 의미한다.

3은 많지도 않고 적지도 않은 안정적인 합

　이런 3의 특징을 구조화에 반영해 보자. 구조화할 때 세 가지로 하는 습관을 들이면 상대방에게 안정감을 주면서 설득력을 높일 수 있다. 물론 2개, 4개로 구조화를 해도 되지만, 가급적 3개로 구조화하는 습관을 들이면 위와 같은 이유로 내 보고서의 설득력이 올라갈 것이다.

　이제 3의 법칙을 알았으니 소위 기획통이 쓴 보고서나 모범 사례로 제시되는 보고서를 보면 세 가지로 정리된 패턴이 눈에 들어올 것이다. 아니까 보이기 시작하는 것이다.

3의 법칙이 적용된 보고서 예시

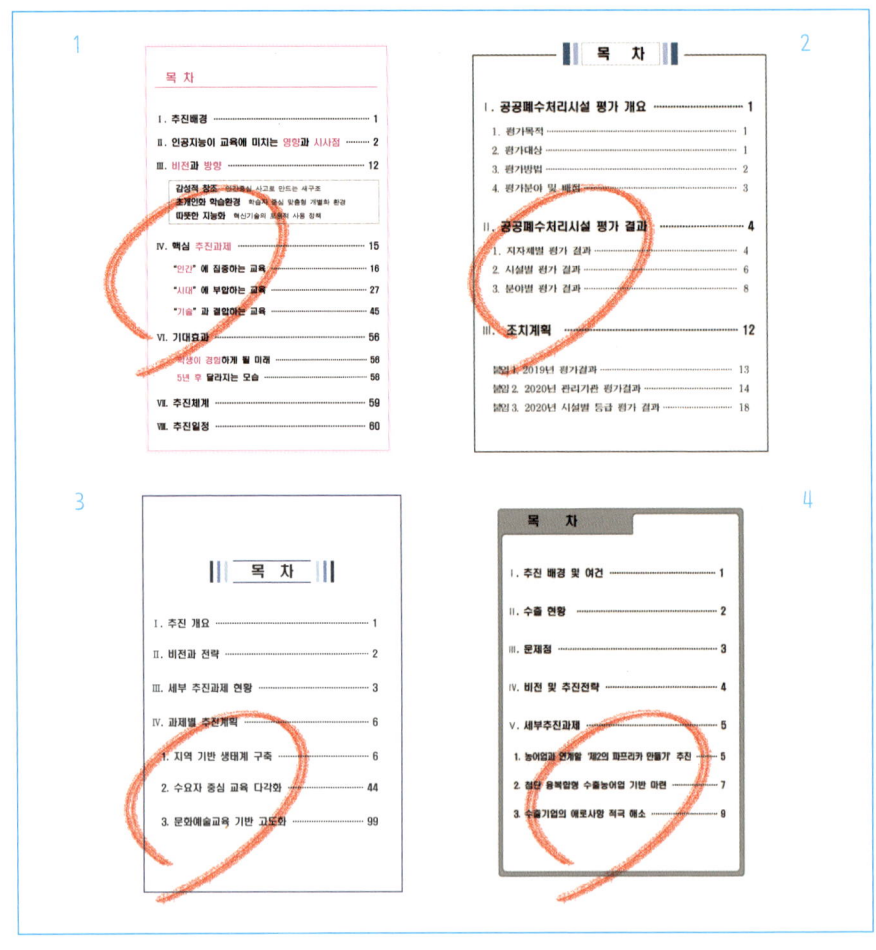

1. 교육부의 인공지능시대 교육정책방향과 핵심과제, 2020년 11월
2. 환경부의 2020년도 공공폐수처리시설 운영관리 실태평가 결과, 2020년 11월
3. 문화예술관광부의 2020년 문화예술교육 시행계획, 2020년 5월
4. 농림축산식품부의 농수산식품 수출 확대 방안, 2013년 9월

위 예시는 대한민국 정책 브리핑 사이트에서 확인한 몇몇 보고서들의 목차 내용이다. 딱 봐도 세 가지로 정리된 패턴이 눈에 보일 것이다.

문화체육관광부의 제1차 국민여가활성화 기본계획, 2018년 6월

Ⅰ. 추진 배경

◆ '일과 생활'의 균형이 중요시됨에 따라 '여가'의 가치 증대

○ (패러다임 변화) 주 52시간 근로제, 국민소득 3만 달러 시대, 4차 산업혁명 등 사회적 전환기에 핵심 키워드로 '여가'의 중요성 증대
 ※ ('여가의 중요성'에 대한 설문결과) 글로벌 20대국 대상, 한국 95.1%, 중국 79.1%, 일본 93.6%, 독일 91.2%, 미국 89.6%가 중요하다고 응답(LG경제연구원)
 ※ (새로운 라이프 스타일 확산) 휘게(Hygge: 편안함)를 통해 행복을 추구하는 덴마크식 라이프스타일)의 등장, 욜로(YOLO: You Only Live Once)의 확산

○ (건강한 사회로 이행) 과로사회를 종식하고 삶의 여백에 다양한 색과 향을 채워 건강하고 행복한 質적 사회로의 이행 필요

◆ 활력 잃은 사회, 현안 해결전략으로서 여가정책의 중요성 증가

○ (현안해결 전략) 고령화 사회, 내수활성화, 공동체 회복 등 현안해결 전략으로서 여가정책의 중요성 증가

○ (행복의 재분배) '공정한 행복도구'로서 여가정책을 추진하여 행복의 양극화를 완화하고 삶의 자율성과 다양성, 사회의 활력 회복

◆ 국민여가활성화기본법 제정에 따라 국민의 여가활동 기반조성 책무

○ (국민여가활성화기본법 제7조) 국민여가활성화 기본계획 수립을 통해 국민의 자유롭고 다양한 여가활동을 통한 삶의 질 향상

○ (국민의 행복추구권 보장) 여가향유 기반 및 여건 제고를 통해 헌법에 명시된 행복추구권(제10조)을 보장

< "국민여가활성화"의 기본이념 및 추진방향 >
 ■ 모든 국민에게 여가의 중요성에 대한 인식을 고취시켜 일과 여가의 조화를 추구함으로써 국민들이 인간다운 생활을 보장받는 것을 기본이념으로 함 (국민여가활성화기본법 제2조)
 ■ 특히 여가 사각지대에 위치한 사회적 취약계층의 여가참여의 기회를 보장함으로써 공평한 행복추구권 실현 및 삶의 질 향상에 기여하고자 함

https://www.korea.kr/archive/expDocView.do?docId=38109

위 보고서는 '국민여가활성화 기본계획'의 추진 배경에 해당하는 내용을 세 가지로 구조화하여 제시하고 있다. 물론 두 가지나 네 가지로 정리해서 구조화할 수도 있지만, 작성자가 3의 힘을 잘 알고 있기에 세 가지로 구조화 하지는 않았을까 지극히 주관적인 추측을 해 본다.

마지막 고급 기술은 브랜딩 표현이다. 브랜딩이란 쉽게 말해 좀 더 기억하기 쉽고, 그럴듯하게 구조화 패턴을 만드는 것을 말한다. 언어의 맛을 살리거나 운율을 맞추는 형태로 문장이나 단어를 표현하는 방법이다.

예를 들어 임직원들의 역량을 향상하기 위해서는 '태도, 행동, 역량 측면에서의 개발이 필요합니다'라고 말하는 방식보다 '역량 개발을 위한 ABC를 제시합니다. Attitude 태도, Behavior 행동, Competency 역량'라고 말하는 것이다. 기획력을 키우기 위해서는 '3E Way가 필요합니다' 등으로 표현하는 방식이다.

구조화 고급 기술 3. 브랜딩 표현

브랜드가 가지는 힘은 실로 대단하다. 같은 제품이라도 시장에서 파는 가방과 구찌, 에르메스, 버버리 등의 브랜드 가방은 수십 배의 가격 차이가 난다. 구조화를 할 때도 이런 브랜딩 표현을 적용하면 좀 더 있어 보이게 표현할 수 있다. 소위 보고서에 '있어빌리티' 능력이 추가되는 것이다.

다음 보고서의 내용을 보면 2020년 전략 경영 방향을 제시하면서 '-로'라는 단어로 운율을 맞추어 브랜딩 표현을 적용했다. 왠지 모르게 리듬감 있고 쉽게 기억된다.

> ○ 밀레니얼 시대를 대비한 '20년 경영 전략
>   [세계로] 국내 화학 산업 인프라를 기반으로 중동/아시아 시장 진출
>   -
>   -
>
>   [미래로] 4차 산업 및 인공지능을 활용한 신사업 개발로 미래 성장 동력 확보
>   -
>   -
>
>   [고객으로] 최종 소비자에 대한 관찰과 경험을 통한 제품 및 서비스 개선 방안 마련
>   -
>   -

언어의 맛을 살린 브랜딩 표현

아래 보고서는 안정화, 고도화, 최신화라는 순서적인 구조화 패턴에 더하여 '-화'라는 표현을 반복적으로 사용하여 브랜딩 표현을 완성했다. '-화'의 반복이 리듬감을 살리면서 의미를 더욱 강조하는 효과도 주고 있다.

> ○ (서비스 안정화) 고객 설문 조사 내용을 기반으로 기존 서비스 체계 개선
>   -
>   -
>
> ○ (서비스 고도화) 타 기관 및 유사업종에 대한 벤치마킹을 통해 적용 방안 도출
>   -
>   -
>
> ○ (서비스 최신화) AI, NFC 기술 등을 적용하여 고객 편의 기능 추가
>   -
>   -

끝 단어를 맞춘 브랜딩 표현

아래 보고서는 '협업'이라는 핵심 키워드를 반복 사용함으로써 협업의 의미를 강조하는 브랜딩 표현을 적용하고 있다.

> ○ 소통과 협업을 통한 창의적인 제품 및 서비스 제공 방안 마련
> - (내부 협업) 유관 부서와의 협업으로 고객 이슈 발생 시 종합적이고 입체적인 대응
>   ·
>   ·
> - (외부 협업) 외부 전문가 및 커뮤니티와의 협업을 통해 제품/서비스 전문성 확보
>   ·
>   ·
> - (정부 협업) 관계부처의 정책 및 제도 연구를 통해 안정적인 사업 기반 마련
>   ·
>   ·

핵심 단어를 강조한 브랜딩 표현

이런 브랜딩 표현은 광고나 점포의 배너에서 자주 만날 수 있다. 왠지 모르게 기억에 남는 표현이라면 브랜딩 표현이 적용된 것이라고 보면 된다.

왼쪽 위 사진의 '손님이 시키면 심부름, 내가 하면 서비스'라는 문구는 앞뒤 내용이 대조를 이루면서 반복되고 있다. 또한 '-면' 이라는 운율적인 표현을 더하여 멋진 문구가 완성되었다. 오른쪽은 모 담배의 냄새 개선 효과를 '입 냄새, 손 냄새, 옷 냄새'라는 표현을 써서 표현했다. 3의 법칙과 브랜딩 표현이 동시에 적용되어 한번 보면 쉽게 잊히지 않는 표현이 만들어졌다.

CHAPTER 8
문장 표현력

문장 표현력의 핵심을 한마디로 말하면 '내가 어떻게 썼느냐가 아니라 상대방이 어떻게 이해했느냐'라고 할 수 있다. 철저하게 상대방의 입장에서, 상대방의 눈높이에서, 상대방의 용어로 오해의 여지 없이 전달하는 것이 중요하다. 그래야 '아'라고 말했을 때 '어'가 아닌 '아'라고 알아들을 수 있다.

그런 의미에서 보고서 문장은 간결하게 쓰는 것보다 정확하게 쓰는 것이 더 중요하다고 생각한다. 물론 장황하지 않게 간결한 문장을 쓰는 것도 중요하지만 내용이 정확하지 않다면 간결한 것이 무슨 소용일까. 문장이 구체적이지 않고 지나치게 생략되어 있거나, 주관적인 해석이 가능한 표현이 많이 포함되어 있으면 그 의미가 제대로 전달되지 않는다. 간결함 이전에 정확함이 앞서야 한다.

CHAPTER 7에서 정보를 큰 덩어리로 보여 주는 구조화 표현력을 배웠다면, 이번 장에서는 덩어리의 부분을 구성하는 문장 표현력에 대해 알아본다. 이 역시 세 가지 내용을 중심으로 이야기한다.

1. 정확하게 썼는가?
2. 간결하게 썼는가?
3. 문장 기호를 제대로 알고 썼는가?

1. 문장의 생명은 정확함에 있다

'정확하다'의 사전적 의미는 '바르고 확실하다'는 뜻이다. 이를 보고서 작성에 적용하면 '확신을 가지고 상대방이 이해하기 쉽도록 쓴다'라는 의미로 해석할 수 있다. 그렇다면 어떻게 써야 정확하게 쓰는 것일까?

첫째, 가장 확실한 방법은 수치적이고 구체적인 표현을 사용하는 것이다.

> 컴퓨터를 습도가 높은 곳에 장시간 방치하면 고장이 날 수 있다. 특히 장마철에는 컴퓨터를 사용하지 않더라도 어느 정도 컴퓨터를 켜서 습기가 차지 않도록 관리하는 것이 좋다.

'높은', '장시간', '어느 정도'는 도대체 어떻게 해석해야 하는 것일까?

위의 내용보다 아래 내용이 훨씬 더 명확해 보인다.

> 컴퓨터를 습도가 60% 이상인 곳에 3시간/일 이상 방치하면 고장이 날 수 있다. 특히 장마철인 6~7월에는 컴퓨터를 쓰지 않더라도 하루 15분 정도는 컴퓨터를 켜서 습기가 차지 않도록 관리하는 것이 좋다.

좋은 보고서를 보면 '잘', '많이', '높은', '낮은' 등의 애매한 표현보다 구체적이고 수치적인 표현이 자주 등장한다.

- 100만 원 지급 시 매월 150% 증액 지급 효과
- 주민의 대다수(85%)가 현 제도의 대책 전환 또는 폐기를 요구
- 지난 HRD 콘퍼런스에 약 500명의 참가자가 모임

이때 추세나 비교 기준을 제시하면 좀 더 명확한 수치 표현이 된다.

- 처리 기간을 예년의 8개월에서 2개월로 단축하여 획기적 성과 달성
- 작년의 학생 만족도는 68점이었는데, 올해는 88점으로 20점 향상
- 경쟁사의 1,000원당 5백 장 출력 대비 500원당 1천 장 출력 가능

둘째, '아마도 -라고도 할 수 있다', '일지도 모른다', '-해야 한다고 생각한다' 등의 애매한 표현이나 책임 회피성 표현은 피하고, '해야 함', '추진함' 등의 확실하고 단호한 어조를 사용한다. 보고서의 문장을 보면 작성자가 얼마나 깊이 고민했는지 알 수 있다. 자료 조사가 불충분하고 자신이 없을수록 불확실한 표현이 많이 등장한다. 반대의 경우에는 확신에 찬 어조가 많다.

문서는 유일하게 상사에게 반말이 가능한 곳이다. 가급적 동명사나 명사 형태로 정리해서 내 보고서에 대한 자신감을 보여 주자.

- '-임/음/함'의 사용
(예) 필요함, 제시함, 추구함
- 기관 운영 및 평가 제도의 개선을 위해 전문가 토론회를 개최해야 함
- A 시장에서의 철수와 B 시장 진출에 대한 논의가 필요함

이때 '-함', '-임', '음' 등의 표현에는 마침표를 찍는 것이 원칙이나 찍지 않는 것도 허용된다. 다만 통일성 있게 쓰는 것이 중요하며, 마침표도 하나의 글자이기 때문에 간결함을 위해 가급적 생략할 것을 추천한다.

> 개최해야 함. (O) → 개최해야 함 (O)
> 추진함. (O) → 추진함 (O)

비슷한 맥락으로 수동, 피동적인 표현보다는 능동형이 더 자신 있는 표현으로 상대방에게 신뢰를 줄 수 있다. 우리나라 글에 수동태 문장이 많이 쓰이는 것은 외국어를 직역하는 과정에서 생긴 관습이다. 수동형 문장을 많이 쓰면 조사나 수식어로 인해 문장이 길어지고 핵심 파악이 어렵다. 또한 적극성도 떨어지므로 가급적 능동적이고 주도적인 문장으로 변경해서 사용하자.

> [수동] 계약을 성사시키기 위하여 소비자 정보가 확인된 후 통보될 예정임
> [능동] 계약 성사를 위하여 소비자 정보를 확인한 후 통보할 것임

> [수동] 물리치료에 건강보험을 적용하여 환자들이 부담 없이 병원을 이용할 수 있는 여건이 조성되어야 함
> [능동] 물리치료에 건강보험을 적용하여 환자들이 부담 없이 병원을 이용할 수 있는 여건을 조성해야 함

셋째, 문서 내 명칭은 일관되게 써야 한다.

> 지금 아이스 아메리카노를 먹고 있다. 이 아이스커피는 따뜻한 커피보다는 비싸지만, 상대적으로 '아아'가 스트레스 해소에 좋아서 나는 오늘도 차가운 커피를 마신다.

위의 글에서 글을 쓰는 사람은 아이스 아메리카노, 아이스커피, 아아, 차가운 커피를 모두 한 가지로 인식하고 글을 썼다. 당연히 상대방도 알아들을 것이라고 생각했기 때문이다. 하지만 상대방은 네 가지를 각기 다르게 해석할 수도 있다. 이것이 바로 지식의 저주다. 상대방이 내가 알고 있는 대로, 내가 말하는 그대로 이해할 것이라고 착각하는 것이다.

특히 보고서의 양이 많아지다 보면 이런 실수가 자주 발생하는데, 한 문서에서 동일한 의미를 가진 용어를 각기 달리 표현하면 상대방에게 잘못된 정보를 전달하거나 오해가 생길 수 있다. 아래 내용을 보자.

> 전등의 각도를 변화시키면 불빛 주위에 모여드는 나방의 수가 증가한다. 한편 조명의 방향은 나방 수의 증가에 영향을 미치지 않는 것으로 밝혀졌다.

여기서 전등과 불빛, 조명은 사실 모두 같은 것을 지칭하고 있다. 하지만 상대방 입장에서는 각기 다른 의미로 해석할 수 있다. 전등으로 통일하는 것이 좀 더 정확하게 전달된다.

> 전등의 각도를 변화시키면 전등 주위에 모여드는 나방의 수가 증가한다. 한편 전등의 방향은 나방 수의 증가에 영향을 미치지 않는 것으로 밝혀졌다.

가끔 외래어와 한국어를 혼용해서 쓰는 경우도 있다. 같은 의미라면 가급적 한국어로 통일해서 쓰는 것이 좋다.

> 카메라 시장의 마켓쉐어를 증가시키기 위해서는 A, B 시장을 적극적으로 공략하여야 합니다. 그러면 우리의 시장점유율은 1.5% 증가할 수 있고 직원들에게 인센티브를 지급할 수 있습니다. 성과급의 폭은 매출 증가율의 10% 이내에서 결정됩니다.

> 카메라 시장의 시장점유율을 증가시키기 위해서는 A, B 시장을 적극적으로 공략하여야 합니다. 그러면 우리의 시장점유율은 1.5% 증가할 수 있고 직원들에게 성과급을 지급할 수 있습니다. 성과급의 폭은 매출 증가율의 10% 이내에서 결정됩니다.

긴 용어의 경우에는 자의적으로 줄여서 쓰기도 하는데 이것도 지양해야 한다. 보고서 교육 실습 중에 어떤 교육생이 보고서 첫 장에는 '현장 맞춤형 고객 서비스 지원 사업'이라고 썼는데 바로 뒤 페이지에서는 '대고객 지원 서비스', 그 뒤에는 '고객 맞춤 서비스'라는 내용으로 표현한 적이 있다. 단어들이 각각 다른 사업이냐고 물었더니 아니라고 했다. 그럼 왜 이렇게 썼는지 물었더니 길어서 줄여 썼다면서 읽는 사람은 당연히 이해할 줄 알았다는 말을 덧붙였다.

보고서 내 명칭의 비일관성 오류

말하지 않으면 상대방이 알 수 있는 것은 없다. 또한 보고서는 약속이고 규정이다. 만약 줄여서 쓰고 싶다면 '현장 맞춤형 고객 서비스 지원 사업(이하 고객지원사업이라고 함)'으로 규정한 다음 줄여 써야 한다.

'설마 내가 이렇게 쓰겠어?'라고 생각할 수 있지만, 생각보다 많은 사람이 실수하는 부분이다. 반드시 문서에서 같은 개념은 같은 단어로 표현했는지 점검해 보기 바란다.

넷째, 문장 성분 간의 호응을 맞춘다. 가끔 문장이 이상하기는 한데, 정확히 어디가 이상한지 모르는 경우가 종종 있다. 이때 상당수가 주어와 서술어의 호응이 맞지 않거나 목적어와 서술어의 관계가 잘못 설정된 경우이다.

> 삼성경제연구소는 수출과 내수 회복 등으로 내년 경제 상황이 다소 나아질 것이라는 전망임.

얼핏 보면 맞는 문장 같지만, 어딘가 어색함이 넘친다. 이 문장을 쓴 사람은 주어(삼성경제연구소)와 서술어(전망임)의 호응을 고려하지 못하여 '경제 상황'을 주어로 착각하고 '전망임'을 서술어로 썼다. 아래와 같이 고쳐 본다.

> 삼성경제연구소는 수출과 내수 회복 등으로 내년 경제 상황이 다소 나아질 것이라는 전망을 하고 있음.

목적어와 서술어의 관계도 고려해야 한다. 다음 문장들을 보자.

> 기획력을 향상하려면 많은 독서와 글쓰기를 연습해야 한다.
> 기계공학과 기술을 개발하면 대한민국의 장래는 밝아진다.

글쓰기는 연습하는 것이 맞지만 '독서를 연습한다'는 어딘가 어색하다. 기술은 개발하는 것이 맞지만 기계공학을 개발하는 것은 옳지 않다. 이를 바르게 고치면 아래와 같다.

> 기획력을 향상하려면 독서를 많이 하고 글쓰기를 연습해야 한다.
> 기계공학을 발전시키고 기술을 개발하면 대한민국의 장래는 밝아진다.

때로 주어를 과도하게 생략하면 그 의미가 정확하게 전달되지 않는 경우도 있다.

> 현대차는 지난달 16만 대를 팔아서 작년 8월보다 19.4% 증가했다.

문장을 자세히 보면 무엇이 19.4% 증가했는지에 대한 주어가 생략되어 있다. 맥락에서 '판매량이'라는 주어를 추측할 수는 있지만 보는 사람의 입장이나 관심사에 따라서 수출량, 점유율 등으로 해석할 수도 있다.

다시 한번 강조하지만, 문장은 간결하게 쓰는 것이 좋다. 하지만 정확성이 생략된 간결함은 무의미하다. 과도한 주어의 생략은 때때로 의미 전달이 어렵고 왜곡의 여지가 있으니 문장의 주체를 정확하게 밝혀 쓰도록 하자.

다섯째, 명확한 단어를 쓰고 이중으로 해석되는 표현을 피한다.

> 통신료를 30일까지 은행에 수납하여야 합니다.
> 손흥민은 현지 팬들의 전폭적인 지원을 받고 있다.

통신료는 은행에 납부하는 것이고 지원은 물질적인 내용까지 포함된 단어이므로 아래와 같이 고쳐 쓴다.

> 가스비를 30일까지 은행에 납부하여야 합니다.
> 손흥민은 현지 팬들의 전폭적인 지지를 받고 있다.

정확하고 바른 단어의 사용은 거의 우리말 겨루기 수준이라 지속적으로 관심을 가지고 노력하는 수밖에 없다. 다만, 몇 가지 헷갈리는 표현에 대해서만 아래와 같이 정리해 둔다.

1. 외 vs 등
   1) 류현진 외 10명: '외'는 류현진을 제외한 사람의 수
      → 총 11명
   2) 류현진 등 10명: '등'은 류현진을 포함한 사람의 수
      → 총 10명

2. 이전 vs 전
   1) 10월 21일 이전까지 제출 요망: '이전'은 표시된 일자를 포함한다
      → 21일까지 제출 요망
   2) 10월 21일 전까지 제출 요망: '전'은 표시된 일자를 포함하지 않는다
      → 10월 20일까지 제출 요망
   * 이후 vs 후도 같은 원리 적용

3. 과(와) vs 및
   1) 컴퓨터 활용 능력과 강의 스킬 향상: '과'는 동일한 수준과 대응한 관계를 의미한다
      → 컴퓨터 활용 능력과 강의 스킬을 동시에 개발함을 의미
   2) 컴퓨터 활용 능력 및 강의 스킬 향상: '및'은 대등한 관계가 아니며 경우에 따라 '그 밖에', '또한' 등의 의미로 해석된다
      → 컴퓨터 활용 능력이 주고 강의 스킬은 부수적인 것을 의미

마지막으로, 정확한 전달을 위해서는 중의적인 해석이 가능한 단어나 표현은 명확하게 고쳐 쓰는 것이 좋다.

> 1. 빅딜 사의 대표가 이 회장과 골프 회동을 해명하기로 했다.
> 2. 이 박물관은 김도랑 선생의 그림을 모아둔 곳입니다.

첫 번째 문장의 경우, 빅딜 사의 대표가 '이 회장과 골프 친 것'을 해명하기로 한 것인지, 아니면 빅딜 사의 대표가 '이 회장과 함께' 골프 회동에 대해 해명하기로 한 것인지 명확하지 않다. 두 번째 문장 역시 '김도랑 선생을 그린 그림'과 '김도랑 선생이 그린 그림'으로 두 가지 해석이 가능하다.

> 빅딜 사의 대표가 이 회장과의 골프 회동을 해명하기로 했다.
> 이 박물관은 김도랑 선생이 그린 그림을 모아둔 곳입니다.

이 외에도 표현이 모호하여 명확한 내용을 알 수 없는 것, 지나치게 압축적으로 설명하는 것, 전문용어, 약어 등을 부연 설명 없이 쓰는 것은 피하는 것이 정확한 보고서를 쓰는 방법이다.

2. 문장은 간결하고 또 간결하게 쓴다

간결하게 쓰는 방법은 최대한 짧게 쓰고 불필요하거나 설명에 도움이 되지 않는 단어들은 제거하는 것이다. '핵심만 남기고 버린다'가 간결함의 핵심이다. 몇 가지 방법을 소개해 본다.

첫째, 복문은 단문으로 고쳐 쓴다. 문장은 최대 두 줄을 넘지 않는 것이 좋으며, 한 문장에는 가급적 한 개의 의미만 담는다.

아래 문장은 전형적인 서술형 전개 방식을 취하고 있다. 문장이 길고 한 문장에 여러 가지 의미가 담겨 있어 해석이 어렵고 기억하기 쉽지 않다.

> Ⅰ. 배경
>
> 직장에서 여성들의 역할이 점점 확대되어 가고 있으나 기혼 여성은 가정과 일 두 마리의 토끼를 모두 잡기가 쉽지 않아서, 미혼 여성보다 기혼 여성의 퇴사율이 2배 높다. 그 결과 경력이 많은 여성의 부재로 직장 내 업무 분담에 어려움이 많아, 이를 해결하여 높이고자 한다.

아래 내용으로 복문을 단문으로 고쳐 쓴다. 문장이 짧아지면서 힘이 생기고 의미가 좀 더 명확해졌다.

> Ⅰ. 배경
>   □ 직장 내 여성들의 역할이 점점 확대되어 가고 있으나
>   기혼 여성의 경우 일과 가정의 양립이 어려운 상황임
>   □ 경력이 많은 기혼 여성들의 높은 퇴사율로 직장 내 업무 부담이
>   가중되어 해결책 마련이 필요함

이때 많이 사용되는 방식이 개조식 표현이다. 개조식은 중요한 단어나 요점 위주로 문장을 짧게 끊어 쓰고, 문장 앞에 글머리 기호나 숫자를 붙이는 방식이다. 구체적인 방법은 다음과 같다.

> **개조식 표현 방법**
>
> 1. -함, -됨, -임 제거
> 2. 조사 제거
> 3. 명사형으로 마무리

아래 문장에서 서술형 방식을 개조식 방식과 비교해 보면, 개조식 표현이 간결하면서도 힘이 있고 그 의미가 명확하다는 것을 알 수 있다.

> **서술형**
> 보고서 문장을 간결하게 작성해야 한다면 명사형으로 마무리하는 것을 추천한다.
>
> **개조식**
> 간결한 보고서 문장 작성 시, 명사형 마무리 추천

개조식 표현은 문장이 간결하고 지극히 효율적인 방식이다. 가독성이 우수하고 보고서의 분량을 줄일 수 있어 효과적이다. 하지만 장점이 있으면 단점도 있게 마련이다. 지나치게 개조식 표현으로 문장을 작성하면, 자세한 내용을 알기 어렵고 중요한 내용이 생략되는 경우가 생긴다. 또한 지나치게 불친절한 문장으로 소통의 의미가 퇴색할 수 있다.

이를 보완하기 위해 서술형과 개조식의 장점을 결합한 서술형 개조식 방법을 쓰기도 한다.

개조식

IV. 기대 효과
☐ 해외 투자 유치로 지역 경제 활성화 기여
  - 관광 상품 개발로 부가수입 창출 기회 마련
  - 유통업자와 자영업자의 상품 판매 기회 제공
  - 지역주민 일자리 창출

서술형 개조식

IV. 기대 효과
☐ 해외 투자 유치로 지역 경제 활성화 기여
  - 관광 상품 개발에 따른 입장료 수입과 상품 판매로 부가 수입 창출 기회를 마련함
  - 지역 내 유통업자와 자영업자가 관광지에 상품을 판매할 기회를 제공함
  - 지역 주민에게 관광 안내 및 서비스 제공 등의 일자리를 제공함

위의 예시에서 개조식의 경우 지나친 함축과 의미 생략으로 상대방의 머릿속에 궁금증을 자아낼 수 있다. 반면 서술형 개조식의 경우 구체적으로 내용을 설명하고 있기 때문에 상대방에게 좀 더 정확한 의미와 의도를 전달할 수 있다.

또한 전체적으로 문장을 연결해 나갈 때, 연결 조사나 접속어를 사용하면 전체 문맥을 원활하게 할 수 있다. '한편', '다만', '특히', '그러나' 등을 사용하여 자연스럽게 연결하면 이해가 쉽고 빠르다.

교육부의 인공지능시대 교육정책방향과 핵심과제, 2020년 11월

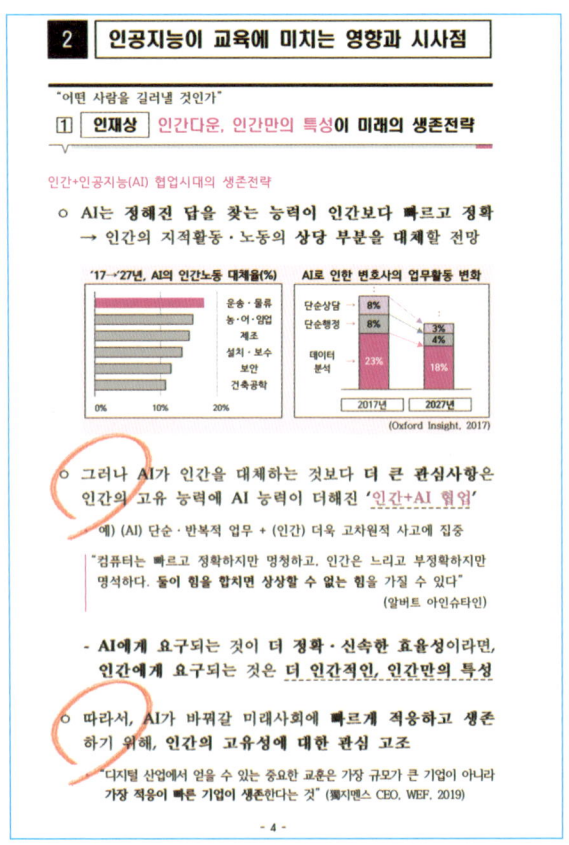

https://www.korea.kr/archive/expDocView.do?docId=39237

왼쪽의 보고서 내용을 보면 '그러나'라는 단어로 앞의 내용과 반대되는 내용을 효과적으로 표현하고 있으며, '따라서'라는 단어를 통해 자연스럽게 결론으로 이어지는 흐름을 나타내고 있다.

금융위원회의 재기지원 활성화 방안, 2015년 10월

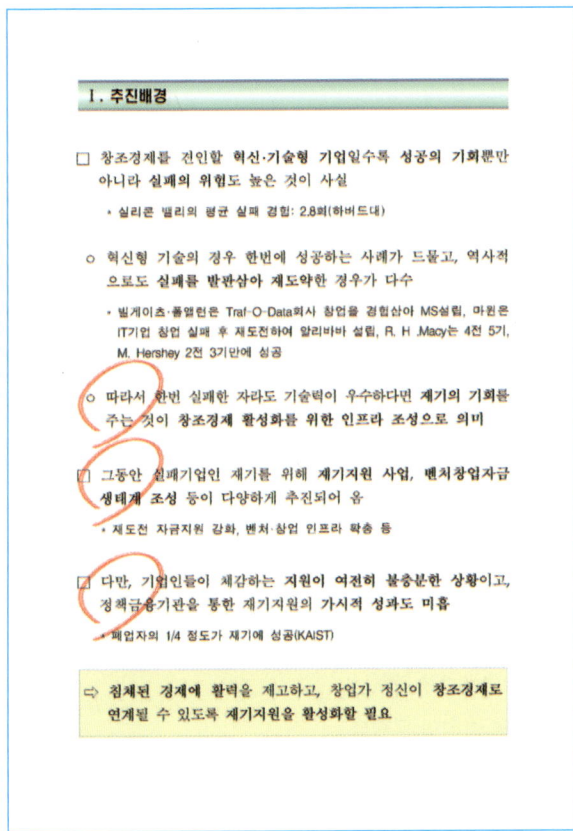

https://www.korea.kr/archive/expDocView.do?docId=36657

위의 보고서에서도 '따라서', '그동안', '다만' 등의 단어를 통해 자칫 딱딱하고 흐름이 끊길 수 있는 보고서 문장들이 쉽게 읽히고 자연스럽게 연결되는 것을 확인할 수 있다.

둘째, 중복되는 단어를 제거하면 문장을 간결하게 할 수 있다.

> 운동의 기능 중 가장 중요한 기능은 건강증진 기능이다.
> → 운동의 가장 중요한 기능은 건강증진이다.
>
> 우리 청에서는 고객 만족 서비스를 위해 민원 서비스 중 일부를 전자 서비스로 제공하고자 함
> → 우리 청에서는 민원 서비스 중 일부를 전자 형태로 제공하여 고객 만족을 도모하고자 함

셋째, 자주 반복되는 단어는 다른 단어로 대체한다. 같은 용어를 반복하면 문장이 단순하고 고민의 깊이가 덜해 보일 수 있다. 보고서에 습관적으로 많이 사용되는 부족, 제고, 개선 등의 단어를 반복적으로 사용하기보다 다른 단어로 바꿔 쓰는 것을 추천한다.

> II. 현행 교육 운영 방식의 문제점
>   □ 교육 수요 조사 결과 반영 부족
>   □ 교육생 선발 방식의 합리성 부족
>   □ 교육생 사후 관리 체계 부족
> → II. 현행 교육 운영 방식의 문제점
>   □ 교육 수요 조사 결과 반영 부족
>   □ 교육생 선발 방식의 비합리성
>   □ 교육생 사후 관리 체계 미흡

넷째, 사족과도 같은 표현을 제거한다. '-에 대한', '-관한', '-에 있어', '-에 한하여', '-하는 과정을 통해' 등만 줄여도 문장이 간결해지고 힘이 생긴다.

> 전통 시장 활성화에 대한 계획은 정부 정책과의 일관성에 대한 검토를 통해 진행되어야 함
> → 전통 시장의 활성화 계획은 정부 정책과 일관성을 검토하여 진행해야 함

또한, '-이지 않지는 않다', '-라고 하지 않을 수 없다'와 같이 한 문장에 '부정+부정'의 의미를 담아 긍정을 나타내는 이중 부정 표현은 지양한다. 단순한 형태로 바꿔 쓰는 것이 좋다.

> 지역경제 활성화를 위해 민관 협의체 구성을 고려하지 않을 수 없음
> → 지역경제 활성화를 위해 민관 협의체 구성을 고려해야 함

다섯째, 지나친 수식어는 절제한다. 불필요한 형용사나 부사는 문장을 장황하게 만들 뿐이다. 아래 문장에서 '아주', '많이', '여러 가지'는 생략해도 의미가 통하므로 간결하게 바꿔 쓰는 것이 좋다.

> 경제가 아주 불안정한 상황에서 다른 대행사를 찾으려면 시간이 많이 걸리고 여러 가지 어려움이 있기 때문에 기존 거래 업체와의 관계를 개선하는 것으로 추진 방향을 수정함

3. 문장 부호만 잘 써도 보고서가 간결해진다

보고서에는 문장을 간결하게 하거나 별도의 의미를 전달하기 위해 다양한 문장 부호가 사용된다. 전부 다룰 수는 없지만 자주 쓰이는 몇 가지 문장 부호에 대해 알아본다.

1. 화살표(→): 이동이나 흐름, 연결을 표현할 때 구구절절한 문장보다 간결하게 쓸 수 있다.

> □ 50세 이상 생산 가능 인구의 비중은 지속적인 감소세를 보임
>   ○ ['16년] 24.1% → ['17년] 23.2% → ['18년] 21.2% → ['19년] 18.2%
>
> □ 스타트업 R&D 투자 진행 및 관리 프로세스
>   ○ 사업 아이템 선정 → 사업 구성 → 평가 체계 구축 → 사후 관리

2. 두 줄 화살표(⇒)나 손가락 표시(☞): 소결론이나 핵심 내용을 강조한다.

> □ 소극적이고 편향된 여가 활동 경험이 다수
> - 60대 이상 노인들은 여가에 대한 필요성이나 경험 부족으로 방법이나 중요성을 인식하지 못하는 경향이 강함
> - 다른 연령대에 비해 여가가 많으나 대부분 TV 시청이나 화투, 낮잠 등으로 여가 활동을 함
>   ⇒ 자기 개발 및 사회 참여 등 적극적 여가 활동 참여 지원 필요

3. 쌍화살표(↔): 비교나 대조를 표현할 때 사용한다.

○ 1인당 생활 쓰레기 발생량: 20kg/월 ↔ OECD 평균: 15kg/월

4. 델타(△): 감소, 하락을 의미한다.

'△' 기호는 음수를 가리키며 양수인 경우 별도 표기가 없거나 '▲'를 쓰기도 한다. 주로 표에서 많이 사용되며 수치의 증감을 시각적으로 보여준다. 음수를 –로 쓰는 경우 변형이나 위조가 쉬워서 사용하기 시작했다는 설이 있다. 기타 +, = 등의 수학 기호는 기호 그대로의 의미로 사용한다.

○ 현재 제주도 내 한국 관광객은 감소하는 추세이며, 중국 관광객의 증가세는 지속되고 있음

구분	2018년	2019년	2020년	2021년	비고 (2020년 대비)
한국	234.2	324.1	421.1	413.1	▽ 1.9%
중국	123.2	233.1	432.1	654.2	33.90%

델타(△)의 활용 예시

5. 각주(*): 각주 사항은 흔히 별표로 부르는 '*'로 표기하며 외래어, 전문용어 등을 해설하기 위해 사용한다. 한 문단 안에 각주가 두 개인 경우 *, **로 표기한다.

□ 베이비부머* 세대는 낮은 여가 활동 수준을 보이지만 반면 여가의 중요성 인식 지수는 높다.
 * '55~'63년 출생한 약 600만 명, 총인구의 13.2% 차지

6. 참고 사항(※): 관련 법령, 통계, 연구 결과, 설문 결과, 전문가 견해, 언론 보도, 국/내외 사례 등을 나타낼 때 활용한다.

> ☐ 60대 이상의 희망 여가 활동은 문화예술(23.2%), 스포츠(17.2%), 봉사활동(12.3%), IT 활용(9.8%) 순으로 나타나고 있음
> ※ '15년 노인 희망 여가활동 실태조사 결과보고서

아래 내용부터는 가장 정확한 표현 방법을 알리고자 국립국어원에서 발행한 자료집 '문장 부호 해설'의 내용을 그대로 인용했다.

7. 가운뎃점(·): 열거할 어구들을 일정한 기준으로 묶어서 나타내거나 짝을 이루는 어구들 사이에 쓴다.

> ☐ 하천 수질의 조사 · 분석
> ☐ 빨강 · 초록 · 파랑이 빛의 삼원색이다.

8. 쌍점(:): 표제 다음에 해당 항목을 들거나 설명을 붙일 때 쓰거나 의존 명사 '대'가 쓰일 자리에 쓴다.

> ☐ 흔하지는 않지만 두 자로 된 성씨도 있다. (예: 남궁, 선우, 황보)
> ☐ 청군:백군의 점수는 65:60(65 대 60)이었다.

이때 위의 쌍점은 앞은 붙여 쓰고 뒤는 띄어 쓴다. 반면 '대'를 대신하는 쌍점의 경우

는 앞뒤를 붙여서 쓴다.

9. 빗금(/): 대비되는 두 개 이상의 어구를 묶어 나타낼 때 그 사이에 쓰거나, 기준 단위당 수량을 표시할 때 해당 수량과 기준 단위 사이에 쓴다.

- 금메달/은메달/동메달
- 100미터/초, 1,000원/개, 6,000원/명

10. 홑낫표(「 」)와 홑화살괄호(〈 〉): 소제목, 그림이나 노래와 같은 예술 작품의 제목, 상호, 법률, 규정 등을 나타낼 때 쓴다. 작은따옴표를 쓰는 것도 허용된다.

- 「국어 기본법 시행령」은 「국어 기본법」에서 위임된 사항과 그 시행에 필요한 사항을 규정함을 목적으로 한다.
- 「수출축산물 인증제도」 적용 확대(10개 품목 → 20개 품목)

11. 겹낫표(『 』)와 겹화살괄호(《 》): 책의 제목이나 신문 이름 등을 나타낼 때 쓴다. 큰따옴표를 쓰는 것도 허용된다.

- 《한성순보》는 우리나라 최초의 근대 신문이다.
- 『훈민정음』은 1997년에 유네스코 세계기록유산으로 지정되었다.

CHAPTER 9
시각적 표현력

마지막으로, 시각적 표현력이다. '시각적'이라고 하면 왠지 화려하거나 잘 포장된 보고서를 떠올리는 경우가 있다. 하지만, 이것이 시각적인 것의 본질은 아니다. 스티브 잡스Steve Jobs의 명언을 생각해 보자.

"디자인의 본질은 외관을 꾸미는 것이 아니라 '작동 방식을 결정하는 것'이라고 생각합니다. 외관도 물론 디자인의 일부이지만 본질적인 부분까지 파고들어야 좋은 디자인이 나옵니다."

그의 디자인 철학을 고스란히 보여 주는 명언이다. 디자인의 핵심은 예쁜 쓰레기를 만드는 것이 아니라 제품의 기능이 돋보이고 편리하게 사용할 수 있는 방식을 고민하는 데 있다는 뜻이다. 외관이 아닌 기능에 집중해야 함을 강조하는 표현이라고 생각한다.

이 원리를 보고서에 적용하면 시각화에 대한 핵심이 명확해진다. 보고서의 본질이자 목적은 설득이다. 시각적이라는 것도 결국 설득과 관련되어 있어야 한다. 설득에 용이한 표현이 시각적 표현력의 핵심이 된다. 한마디로, 보고서에 시각적 표현력을 적용하는 이유는 화려하게 보이기 위함이 아니라 읽는 이가 빠르고 쉽게 이해하도록 하기 위함이다.

본 챕터에서는 시각적 표현력에 관한 세 가지 내용을 다룬다. 도해화 표현, 표와 차트 표현, 기본 형식에 대한 이야기다. 텍스트로 꽉 찬 정보를 도해로 바꾸고, 숫자를 표와 차트로 표현하고, 기본적인 형식만 준수한다면 그 어떤 보고서보다 시각적인 표현력이 돋보이는 보고서를 쓸 수 있다.

1. 도해화 표현으로 상대방의 우뇌를 자극하자

도해화 표현은 텍스트로 나열된 정보를 도해(도형)로 표현하는 방법이다. 도해로 표현하면 상대방이 정보 간 관계를 이해하고 파악하기 쉬우며, 이미지 형태로 기억하기 때문에 설득에 유리하다. 텍스트 중심의 보고서보다 상대적인 우위를 점할 수 있는 방식이다.

보고를 받는 상대방, 특히 상사의 입장을 생각해 보자. 온종일 복잡한 생각과 많은 정보로 머릿속이 꽉 찬 상태다. 이때 텍스트로만 된 복잡한 보고서를 보면 짜증이 나거나 보고서 자체를 보기 싫을 수 있다. 구구절절 텍스트로 나열하기보다 도해로 표현하여 상사의 좌뇌가 아닌 우뇌를 자극해 보자. 논리, 수치, 언어 등의 해석에 지쳐 있는 상대방의 좌뇌가 아니라 감성, 이미지, 직관 등을 담당하는 우뇌가 반응하면서 설득력이 커질 것이다. 좌뇌와 우뇌의 균형을 맞춰서 상대방을 사로잡는 설득 방식, 그 중심에 도해화 표현이 있다.

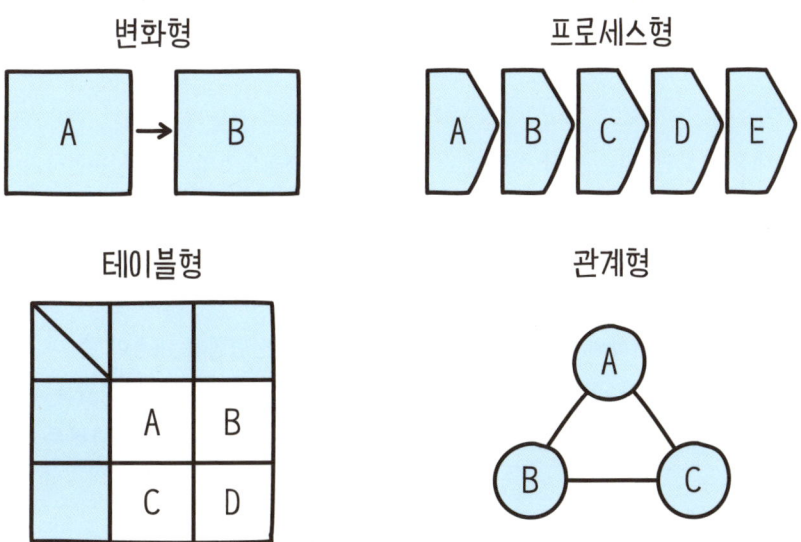

자주 쓰이는 도해화 패턴 네 가지

도해화 패턴에는 수십, 수백 가지가 있지만, 보고서에 자주 활용되는 네 가지 패턴만 소개하기로 한다.

첫 번째는 변화형 패턴이다. 기획은 결국 변화를 창출하는 행위인 만큼 보고서에는 기존의 것을 새로운 것으로 바꾸겠다는 내용이 많이 등장한다. 이때 과거 → 현행, As is → To be, 기존 → 개선 등을 시각적으로 표현하기 위해 변화형 패턴을 활용할 수 있다.

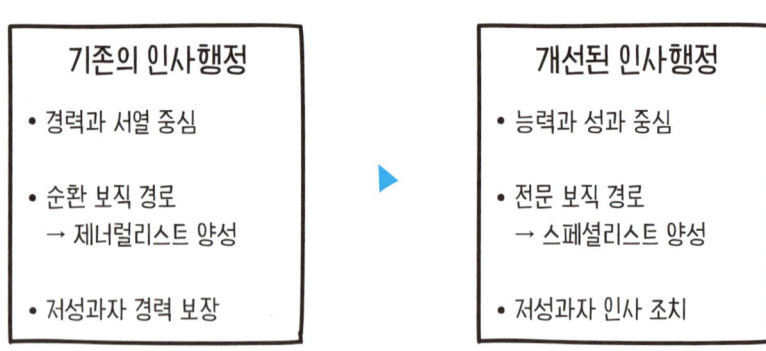

도해화 패턴 1. 변화형

위 내용을 보면, 기존 인사 행정에서 개선된 인사 행정으로의 변화를 표현하기 위해 '박스'와 '세모 화살표'를 이용했다. 좌우의 내용이 대조되면서 변화의 방향을 한눈에 알 수 있고, 기획자의 의도가 명확하게 표현되었다.

이때 화살표에 변화의 방향이나 주요 내용을 표시하면 변화의 내용이 좀 더 명확하게 드러난다. 다음 보고서의 내용을 보자. 화살표 밑에 '2개대 추가 발대'라는 주요 내용을 표기했고, 동그라미 도형에 '선제적 맞춤형 서비스'를 강조해서 전달력을 높이고 있다.

소방청의 2017년 소방청 성과관리전략계획, 2017년 11월

○ 중앙119구조본부 특수구조대(4개대)* 설치('15.12월), 첨단 소방장비** 도입
    * 수도권(남양주), 영남(대구), 호남(광주 → 전남화순), 충청·강원(천안 → 충북충주)
    ** 대형 소방헬기 1대('16.3월), 무인파괴 방수탑차 등 특수소방차량 19대('16.12월)

https://www.korea.kr/archive/expDocView.do?docId=39032

행정안전부의 2020년 정부혁신 종합 추진 계획, 2020년 2월

■ [지능형 서비스] AI, IoT 등 신기술 도입을 통한 서비스 고도화
● (지능형 국민비서) 개인에게 필요한 공공서비스를 대화형 AI 기반으로 추천·안내해주는 통합서비스 제공(~'22년)
  ※「정부24」, 홈택스, 복지로 등 주요 정부 서비스를 모바일, AI 스피커 등 다양한 기기로 제공

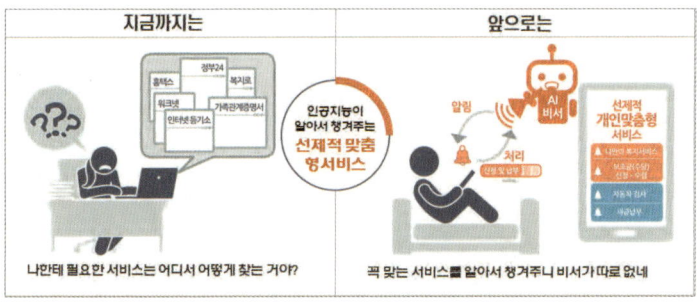

https://www.korea.kr/archive/expDocView.do?docId=38932

두 번째는 프로세스형 패턴이다. 가장 많이 활용되는 도해화 패턴으로 업무 절차나 시

간적인 흐름을 표현한다. 어떤 일이든 순서나 절차가 있기 마련이다. 이런 흐름을 텍스트로만 표현하면 이해하기 쉽지 않지만, 프로세스형 패턴으로 표현하면 이해가 쉽고 빠르다.

프로세스형 패턴은 문단의 상단에 프로세스로 큰 틀을 보여 주고, 세부 내용을 설명하는 방식으로 절차, 흐름, 단계, 경과 등을 표현할 때는 자주 활용된다.

○ 단계별 세부 내용
- 정상적으로 접수되었음을 안내하는 SMS 발송과 함께 심사 관할부서의 예상 처리 소요 기간 안내
- 고객이 궁금해하는 내용과 관련된 기존 심사 정보 제공
- 심사에 필요한 자료의 정상 도달 여부에 대한 SMS 안내
- 심사 위원 자문 의뢰, 병원의 비협조 등으로 발생하는 심사 지연에 대한 사유 등 중간 처리 상황을 SMS로 안내
- 전화 통화가 어려운 고객에 한해 유선 안내 외 SMS로 추가적인 안내
- 기존과 동일하게 환불 계좌 입력 화면 경로 등을 유선으로 안내
- 서비스를 이용한 고객에 대해 분기별로 만족도를 조사하여 처리 상황별로 만족도 변화 추이를 분석
- 만족, 보통, 불만족, 악성 민원인 등 네 가지 유형으로 분류하여 추후 서비스 재이용 시 참고 자료로 활용

위 예시처럼 많은 내용을 텍스트로만 나열하는 방식보다 아래의 내용으로 정리하는 것은 어떨까? 문단의 상단에 프로세스형 패턴을 도해로 보여 주고 세부 내용을 정리하면 상대방이 내용을 파악하고 이해하기 수월하다. 경우에 따라, 굳이 아래 세부 내용을 읽지 않아도 이해되는 보고서가 만들어진다.

☐ 단계별 세부 내용

○ 접수
- 정상적으로 접수되었음을 안내하는 SMS 발송과 함께 심사 관할 부서의 예상 처리 소요 기간 안내
- 고객이 궁금해하는 내용과 관련된 기존 심사 정보 제공
- 심사에 필요한 자료의 정상 도달 여부에 대한 SMS 안내

○ 처리
- 심사 위원 자문 의뢰, 병원의 비협조 등으로 발생하는 심사 지연 사유 등 중간 처리 상황을 SMS로 안내
- 전화 통화가 어려운 고객에 한해 유선 안내 외 SMS로 추가적인 안내

○ 통보
- 기존과 동일하게 환불 계좌 입력 화면 경로 등을 유선으로 안내

○ 사후 관리
- 서비스를 이용한 고객에 대해 분기별로 만족도를 조사하여 처리 상황별로 만족도 변화 추이를 분석
- 만족, 보통, 불만족, 악성 민원인 등 네 가지 유형으로 분류하여 추후 서비스 재이용 시 참고 자료로 활용

프로세스형 도해화 패턴을 표현할 때 표, 박스, 순서도 등 다양한 방법을 활용하여 표현할 수 있다.

행정안전부의 2020년 정부혁신 종합 추진계획, 2020년 2월

[박스 형태로 표현]

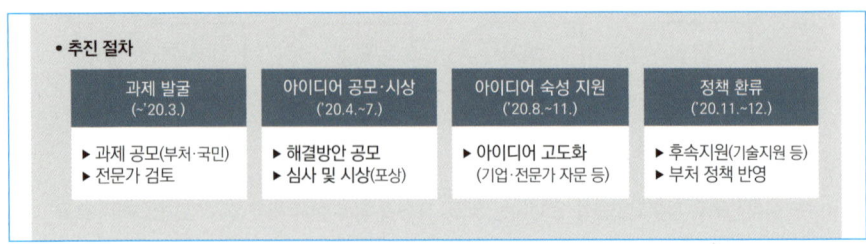

https://www.korea.kr/archive/expDocView.do?docId=38932

아래 예시를 보면, 좀 더 명확한 흐름을 보여 주기 위해 반듯한 표나 박스 형태가 아닌 순서도 형태로 표현했다.

행정안전부의 2020년 정부혁신 종합 추진계획, 2020년 2월

[순서도로 표현]

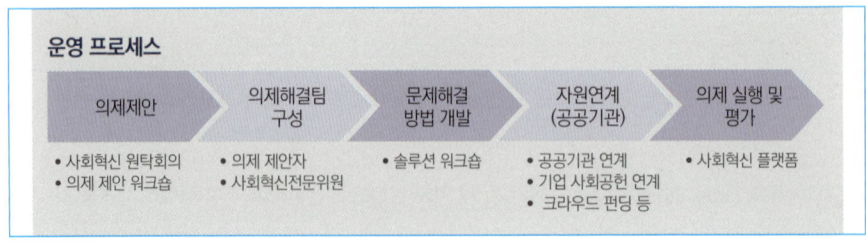

https://www.korea.kr/archive/expDocView.do?docId=38932

세 번째는 테이블형이다. 테이블형은 어떤 개념을 설명하거나 복잡한 내용을 정리할 때 표 형식으로 정리하는 방법이다. 다음 내용의 경우, 소방 공무원의 심신 건강관리를 위해 예방과 치료 측면에서 어떤 일들을 하겠다는 것인지 명확하게 정리되어 있다.

소방청의 2017년 소방청 성과 관리 전략 계획, 2017년 11월

☐ **소방공무원 심신건강관리(예방·치료단계) 강화**

예 방	치 료
◦ **심리상담 확대**('15년 4,702명 → '16년 6,905명) ◦ **심신안정실**('15년 131개소 → '16년 170개소) ◦ **자가진단 앱 개발·보급**	◦ **심리상담·치료비 전액 지원** ◦ **안심프로그램 운영** (신분보장 등 비노출 지원 프로그램)

7

https://www.korea.kr/archive/expDocView.do?docId=39032

이때 테이블 내에서 텍스트를 기재할 때도 일관성 있게 (대상), (심사)로 위아래 내용을 통일성 있게 작성한다면, 상대방의 이해도는 더 올라갈 것이다.

행정안전부의 자치분권 사전협의 지침, 2019년 7월

분류	심의 방식
일반안건	• (대상) 법령안에 대한 **전문적·중립적 검토**가 요구되는 경우 ※ 지방자치와 관련 있는 **행정안전부 소관 법령안은 필수적 포함** • (심사) 관련분야 위원 대상 의견수렴 실시
주요안건	• (대상) 부처간 이견이 있거나, 행정안전부의 검토결과에 이의가 있는 등 향후 쟁점 및 갈등 발생 우려가 있는 경우 • (심사) 관련분야 위원과 함께 소관 중앙행정기관과 지방자치단체 및 4대 협의체 등 관련 당사자들을 대상으로 의견수렴 실시

https://www.korea.kr/archive/expDocView.do?docId=38585

마지막으로 관계형은 여러 가지 정보가 대등하게 연결되거나 순환되는 흐름일 경우에 활용한다.

조직 혁신을 위한 3가지 변화 추진 방향

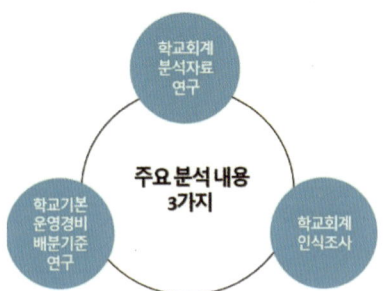

학교 혁신을 위한 회계분석 자료연구

추가로, 중장기 추진 계획이나 비전 체계 등을 제시할 때 단골로 등장하는 그림이 있다. 비전, 목표, 전략, 과제, 미션 등의 내용을 하나의 도해로 표현하는 그림인데, 먼저 각각의 개념을 이해한 후에 도해로 표현하는 방법을 알아보도록 한다.

- □ 비전: 중장기적인 목표로 수치적인 표현보다 시각적인 이미지를 형상화한 문장으로 표현된다. 기간과 결합하여 2030 비전 등으로 쓰는 것이 일반적이다.

- □ 목표: 단기간에 달성해야 할 수준으로 기간+수준으로 쓰며 수준을 정량적인 형태로 수치화해서 쓰는 것이 일반적이다.

- □ 전략: 목표와 비전을 달성하기 위한 큰 방향성으로 과제를 묶어서 요약한 형태로 쓴다.

- □ 과제: 목표나 비전을 달성하기 위해 해야 할 일의 목록으로, 보통 전략 하위에 위치한다.

- □ 미션: 조직의 사명이자 존재 이유로서 목적과 유사한 개념으로 쓴다. 목표와 비전 달성을 위한 시작점이 된다.

위의 개념을 도해로 정리하면 아래와 같은 그림이 된다. 이때 순서나 체계에 주의해서 작성하자. 미션에서 시작해서, 전략과 과제를 통해 목표를 달성하고 비전을 완성하는 순서를 놓치지 말자.

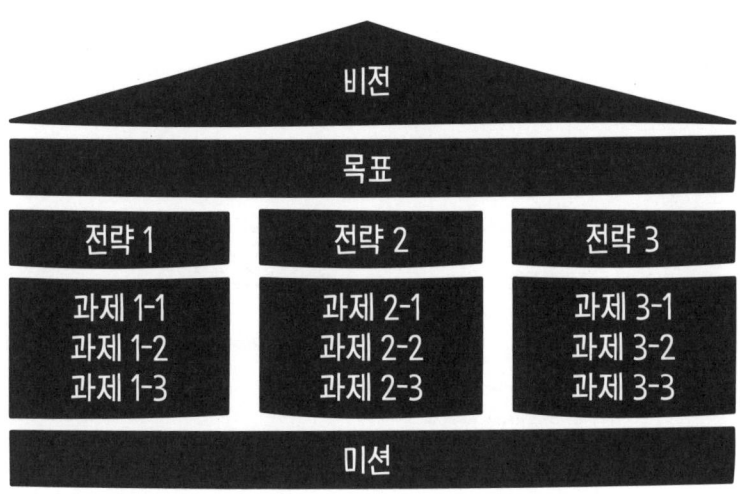

비전, 전략 체계

이런 도해화 패턴은 정책의 단위가 크거나 장기적인 정책을 추진하기 위한 보고서에서 큰 그림을 제시할 때 많이 활용한다.

비전 전략 체계 예시

1. 문화예술관광부의 2020년 문화예술교육 시행계획, 2020년 5월
2. 문화체육관광부의 공예산업 활성화 대책, 2013년 9월
3. 농림축산식품부의 농수산식품 수출 확대 방안, 2013년 9월
4. 행정안전부의 2020 정부혁신 종합 추진계획, 2020년 2월

2. 본질을 이해해야 표와 차트가 간결해진다

표와 차트는 보고서에서 가장 많이 활용하는 시각적 표현 방법이다. 이미 잘 알고 있고 많이 쓰는 만큼, 기본적인 내용보다는 작성 시 주의 사항과 특별한 활용법에 대해서만 이야기한다.

먼저, 표의 가장 기본은 단어는 가운데, 문장은 좌측, 숫자는 우측 정렬임을 기억하자.

항목	특징	판매량	가격
A 제품	가성비 및 디자인이 좋음	12,933	143
B 제품	내구성 및 안전성이 좋음	1,229	162

숫자의 단위가 같을 때는 가운데 정렬을 해도 무방하지만, 단위가 다를 경우 우측 정렬을 해야 상대방이 정확한 숫자의 차이를 이해할 수 있다.

소방청의 2017년 소방청 성과관리전략계획, 2017년 11월

□ 선제적 화재 예방·대응으로 인명·재산피해 저감
  ○ 노후·부족 소방장비 개선(교부세 투입), 현장소방인력 확충 등 인프라 개선과 국민참여형 화재예방시책 추진으로 인명·재산피해 저감
    - 전년 대비 화재건수 2.3%(44,435 → 43,413건), 인명피해 3.3%(2,093 → 2,024명 사상), 재산피해 14%(4,331 → 3,726억원) 저감

(단위 : 건, 명, 십억원)

구 분		'07	'08	'09	'10	'11	'12	'13	'14	'15	'16	'07~'16 평균
화재건수		47,882	49,631	47,318	41,863	43,875	43,249	40,931	42,135	44,435	43,413	44,473
인명피해	사망	424	468	409	304	263	267	307	325	253	306	333
	부상	2,035	2,248	2,032	1,588	1,598	1,955	1,877	1,856	1,840	1,718	1,875
재산피해		248	383	251	267	256	290	434	402	433	420	338

표의 행이 많을 경우 행간 구분을 위해 색을 변경하기도 한다. 행간 색을 구분하는 이유는 행이 너무 많을 경우 자칫 데이터를 보는 데 불편할 수 있기 때문이다. 때로는 바둑판처럼 꽉 막힌 표에 탁 트인 느낌을 주기 위해 좌우 외곽선을 지우기도 한다. 두 가지 모두 상대방을 배려하는 표 작성 기술이다.

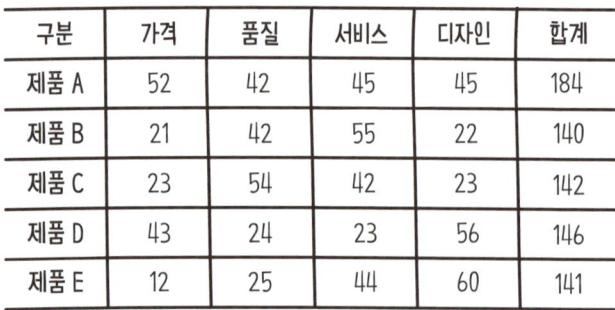

표 작성법 1

또한 두 가지 항목을 비교하는 상호 비교의 경우, 중앙 비교법을 쓰는 것도 추천한다. 구분 값을 가운데 두고 좌우를 비교하는 방법을 통해 그 차이가 좀 더 명확하게 드러난다.

구분	제품 A	제품 B
가격	52	21
품질	42	42
서비스	45	55
디자인	45	22
합계	184	140

제품 A	구분	제품 B
52	가격	21
42	품질	42
45	서비스	55
45	디자인	22
184	합계	140

표 작성법 2

왼쪽의 표보다 오른쪽의 표에서 제품 A와 제품 B의 차이가 좀 더 선명하게 보인다. 이런 중앙 비교법은 스포츠에서 많이 쓰는 방법이기도 하다.

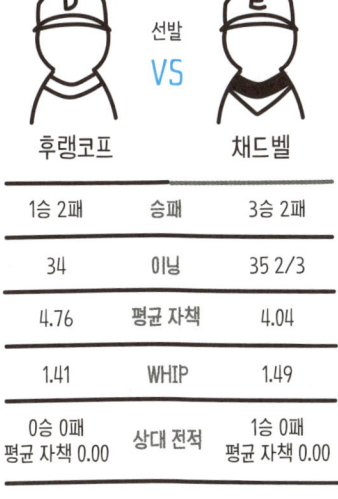
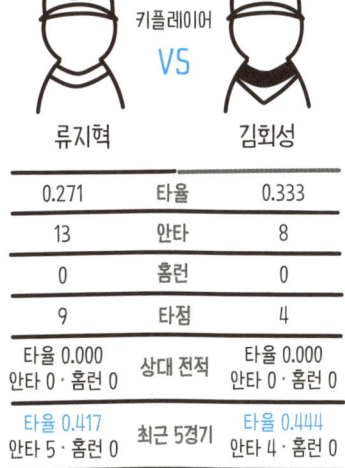

표 작성법 2

마지막으로 가장 중요한 포인트는 표를 작성하고 메시지와 연결되는 강조점을 찍어 주는 것이다. 표만 덩그러니 던져 놓고 상대방에게 알아서 보라고 하는 것은 무책임이고 배려 없는 행동이다.

표를 잘 쓰는 사람은 표를 통해 전달하고 싶은 메시지와 표에서 꼭 봐야 할 부분을 따로 강조하여 표시한다. 이렇게 강조점을 찍어 주면 표의 내용이 좀 더 메시지와 연계되는 느낌을 주고, 자연스럽게 상대방의 시선을 강조점으로 유도할 수 있다. 상대방의 인지적 노력을 최소화하는 방식이자 가독성 높은 표현 방식이다.

표에서 강조를 표현하는 방법은 굵은 글씨, 색깔 변경, 박스 처리 등이 있다.

농림축산식품부의 농어촌 환경개선대책, 2013년 9월

□ **농어촌지역**의 **상수도보급률(58.8%)**은 전국 평균(94.6%)이나 도시지역 보급률(99.6%)에 비해 **저조하여 도-농간 환경서비스 격차 심화**

<지역규모별 상수도 보급수준>

구분	총인구 (천명)	급수인구 (천명)	보급률 (%)
전국	51,717	50,638(48,938)	**97.9(94.6)**
특·광역시	23,658	23,639(23,558)	**99.9(99.6)**
시지역	18,833	18,657(18,608)	**99.1(98.8)**
읍지역	4,210	3,994(3,825)	**94.9(90.9)**
면지역	5,016	4,348(2,947)	**86.7(58.8)**

※ ( )는 마을상수도(인구 100명이상 2,500명 이내, 20㎥/일 ~ 500㎥/일) 및 소규모 급수시설(인구 100명 미만, 20㎥/일 미만) 이용인구를 제외한 수치

https://www.korea.kr/archive/expDocView.do?docId=34435

교육부의 인공지능시대 교육정책방향과 핵심과제, 2020년 11월

○ 미래 일자리 지형에 있어서도, AI와 직접 관련된 일자리 보다는 '명백히 인간적인' 일자리 수요가 가장 클 전망

'18~'22년 AI 경제에서의 일자리 수요 전망

일자리 분야	비율	업무내용
'명백히 인간적인'	58%	대인소통, 창의·전략적 의사결정 업무 등
AI 기반	25%	데이터 분석가, 소프트웨어 개발자 등
AI 직접 관련	17%	AI 기술 개발자, 빅데이터 전문가 등

(마이크로소프트(MS), 2020)

https://www.korea.kr/archive/expDocView.do?docId=39237

문화체육관광부의 제1차 국민여가활성화 기본계획, 2018년 6월

□ <삶을 살다!> 여유 캠페인 실시 (지자체 협력)

○ (일과 여가의 균형) 국민의 여가권과 행복추구권에 초점을 맞춘 일과 삶의 균형 캠페인 실시

- (인센티브) 여가활성화 캠페인 참여자에게 실효적 인센티브*를 제공함으로써 홍보효과 제고

* (스티커 개발 및 활용) 일과 여가의 균형 스티커 개발, 스티커 부착 차량은 공공 여가공간 주차 시 할인혜택 부여 등(문체부 관련기관에서 시작, 관련부처, 지자체 등으로 확대)

<일과 삶의 균형의 스펙트럼>

정책명	주무부처	핵심가치	주요내용	관련법률
노측과 사측의 균형	고용노동부	최소한의 권리	- 노동시간 - 소극적 휴식권	근로기준법
일과 가족의 균형	여성가족부	모성보호	- 가족시간 - 모성보호, 육아권	가족친화 사회환경 조성 촉진에 관한 법률
일과 여가의 균형	문화체육관광부	삶의 풍요	- 자유시간 - 적극적 여가권	국민여가활성화기본법

https://www.korea.kr/archive/expDocView.do?docId=38109

표보다 보고서에서 더 많이 활용하는 것은 차트다. 차트는 두 개 이상의 데이터 간 상호 관계와 변화의 상태를 도형적으로 표현한 것을 말한다.

차트의 종류에도 여러 가지가 있지만, 먼저 가장 기본이 되는 차트 네 가지를 소개한다.

▶ 원형: 항목별 구성비 분석에 주로 사용. 요소의 수는 5~6항 이내가 바람직

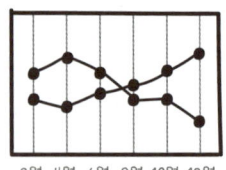

▶ 꺾은선형: 몇 가지 항목 간의 추이를 분석하는 데 효과적

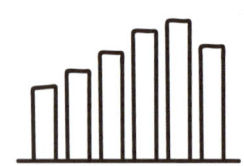

▶ 세로막대: 특정항목의 신장률, 수량 등 순위를 비교, 분석하는 데 주로 사용

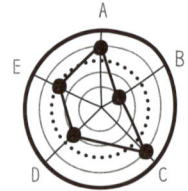

▶ 방사형: 어떤 사물의 성질과 능력 등을 몇 가지 지표로 종합적으로 패턴화하여 보여 주고자 할 때 유용. 상대적 강약점을 파악하기가 용이

기본적인 차트의 종류

이때 좀 더 효과적으로 데이터를 표현하고 의미를 전달하기 위해 몇 가지 변형된 차트를 활용하기도 한다.

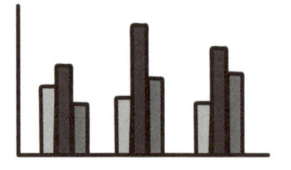

▶ 묶은 세로 막대형: 항목 간 동일 요소 비교

▶ 폭포형: 구성요소의 차이를 분석하는 데 유용 파란색이 증가, 회색이 감소

▶ 원형 대 원형: 특정 항목을 100%로 할 때 그 항목의 세부 구성비

▶ 100%기준 누적 세로 막대형: 각 요소별 비율의 변동 추이를 분석하는 데 유용

변형된 차트의 종류

엄밀히 따지면 차트는 아니지만, 차트라고 부르는 문차트라는 것도 있다. 정량적이지 않은 데이터를 정량적인 형태로 보여 주는 데 유용한 차트다. 달 모양을 닮았다고 해서 문Moon차트라고 한다.

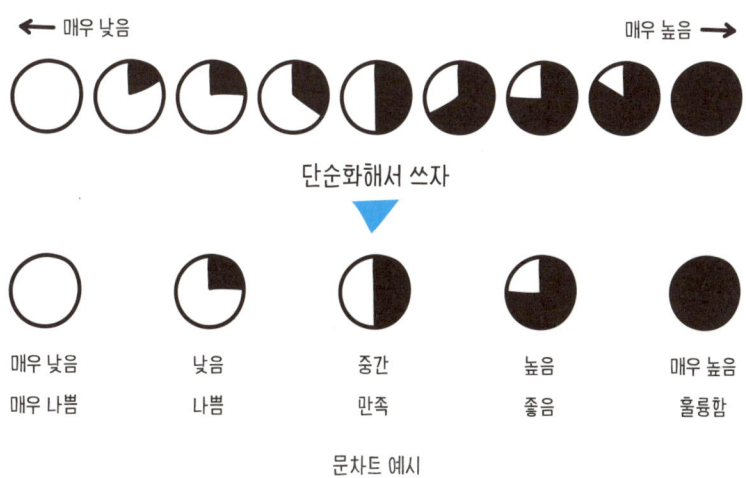

문차트 예시

이 밖에도 많은 유형의 차트가 있으며 부르는 이름도 제각각이다. 방사형을 관계형, 레이다 차트 등으로 부르기도 하고 막대형을 띠형으로 부르기도 한다. 정확한 정의는 없다. 다만, 여기서는 파워포인트에서 지칭하는 명칭으로 통일해서 썼으니 참고하기 바란다. 각각의 차트에 대한 구체적인 활용법은 지면의 한계로 생략하오니, 좀 더 자세

한 내용이 알고 싶다면 인터넷 검색이나 기타 참고 자료를 활용해 주기 바란다.

사실, 차트의 종류보다 더 중요한 것은 차트 작성의 기본 원칙이다. 아래 네 가지만큼은 지켜야 한다고 생각한다.

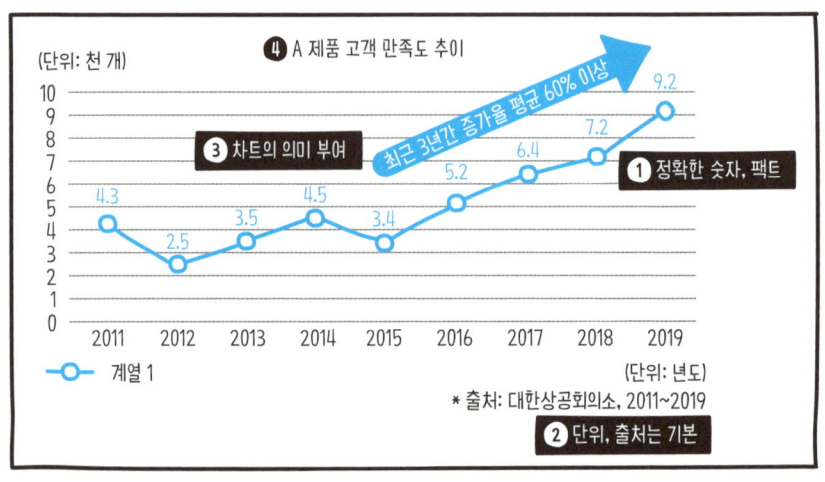

차트 작성의 기본 원칙 네 가지

① 정확한 숫자 및 사실에 기인한 내용
② 단위 및 정확한 출처의 표기
③ 차트를 통해 말하고자 하는 바, 메시지
④ 차트의 제목

특히 가장 중요한 내용은 ③번이다. 표와 마찬가지로 차트를 쓰는 이유는 데이터 자체를 보여 주기 위함이 아니라 데이터의 의미를 보여 주기 위함이다. 반드시 차트가 의미하는 바 또는 차트를 통해 전달하고자 하는 메시지를 유념하고 작성해야 한다.

표에서와 마찬가지로 차트에서도 핵심 메시지를 써주거나 강조점을 표시해야 한다. 말하고 싶은 메시지(텍스트)와 보여 주어야 할 것(강조점)의 유기적인 연결성을 확보하는 것이 차트 작성의 핵심이라고 할 수 있다.

만약 '마라톤이 단위시간당 칼로리가 가장 높다'라는 것을 보여 주기 위한 차트를 그린다면 왼쪽보다 오른쪽이 직관적으로 보인다.

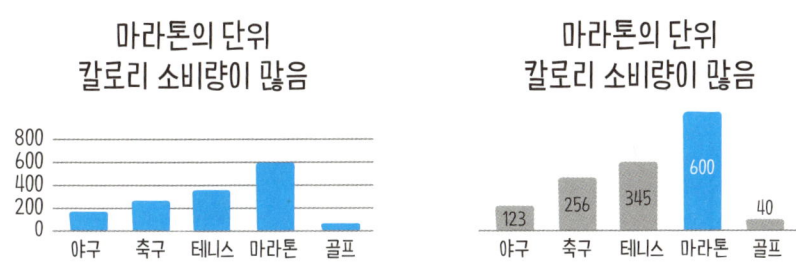

차트에서의 강조점 표시

2005년 이후의 농촌인구 증가세를 말하고 싶다면, 아래와 같은 형태로 표현하면 시각적인 표현력이 증대된다.

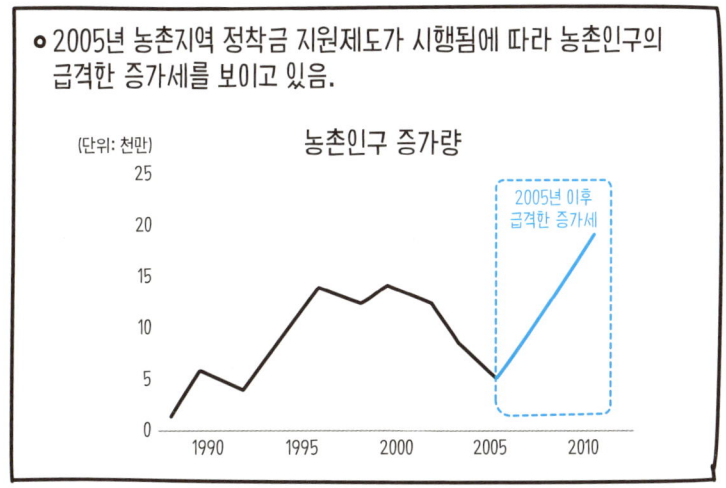

차트에서 메시지와 강조점의 연계성

아래 보고서는 보고서 실습 과정에서 어느 교육생이 작성한 차트인데, 가독성을 고려하지 않고 차트의 색을 선택한 덕분에(?) 검은색 숫자가 정확하게 보이지 않는다.

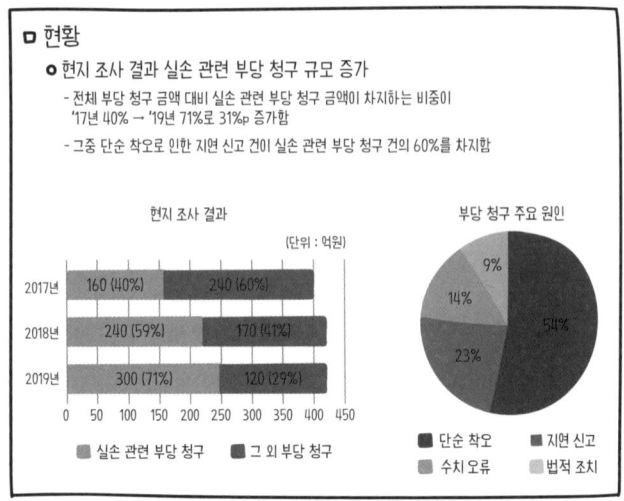

시각적 표현력이 부족한 사례

아래와 같이 흰색으로 숫자를 수정했다. 또한 54%가 강조점이면 글자 크기를 키워 표현하는 것이 좋다.

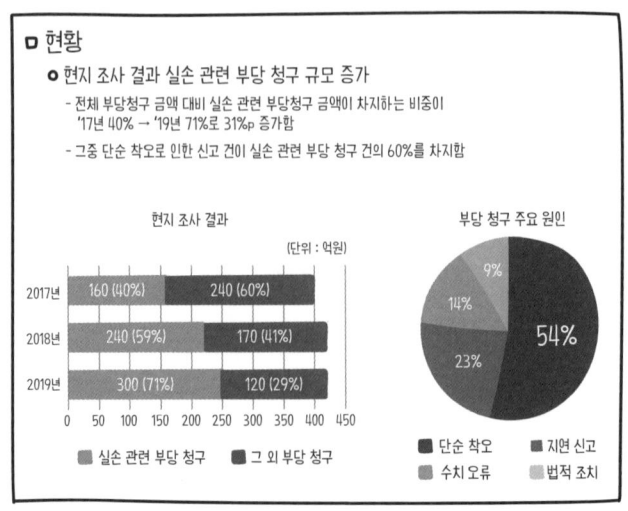

1차 수정을 적용한 차트

마지막으로, 차트를 통해서 강조하고 싶은 내용이 실손 관련 부당 청구 비율이 증가하고 있고, 그 주요 원인이 단순 착오 비율이 높은 것이라면 아래와 같이 표현하는 것이 좋다. 강조 색을 활용해서 차트의 색을 변경하는 것만으로 가독성을 높였다.

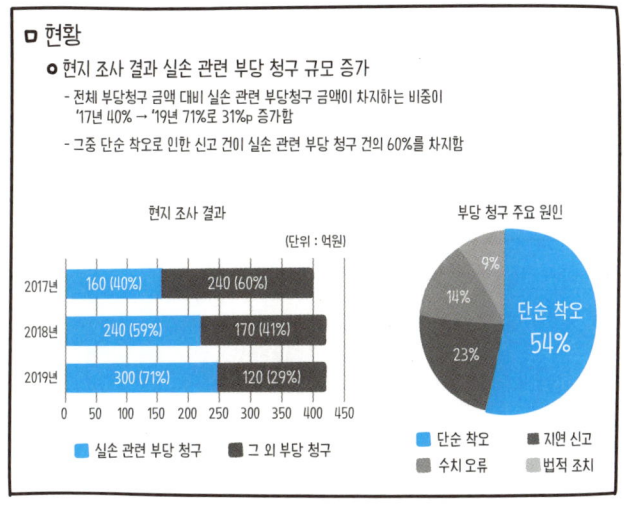

2차 수정을 적용한 차트

사실 제대로 된 차트를 작성하는 데에는 많은 시간과 노력이 필요하기 때문에 표로 대신하는 경우가 많다.

연도별 비염 환자 현황
(단위: 천 명)

구분		2015년	2016년	2017년	2018년	2019년	2020년	연평균 증가율(%)
진료 인원 (천 명)	계	2,468	2,522	2,578	2,702	2,750	2,802	2.57
	남성	1,232	1,321	1,342	1,382	1,452	1,521	4.30
	여성	1,236	1,201	1,236	1,320	1,298	1,281	0.71

표로 표현한 데이터

물론 데이터를 표로 제시해도 되지만, 표의 내용을 차트로 바꾸면 시각적 표현력이 증대되고, 가독성을 높일 수 있기에 가급적 차트로 바꿔서 제시할 것을 추천한다.

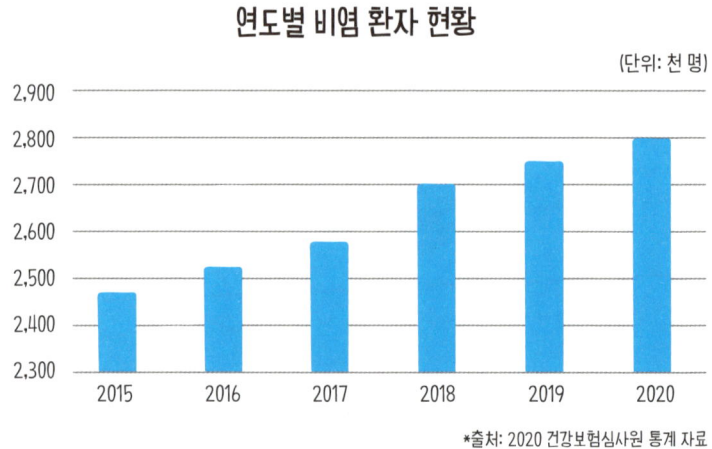

표를 차트로 바꾸자

이때 좀 더 시각적인 효과를 위해 왼쪽 축 값을 제거하고 좌우로 뻗어 있는 가로선도 제거했다. 대신 막대 위에 데이터 레이블(값)을 표기하는 것으로 간결하면서도 직관적인 차트를 만들었다.

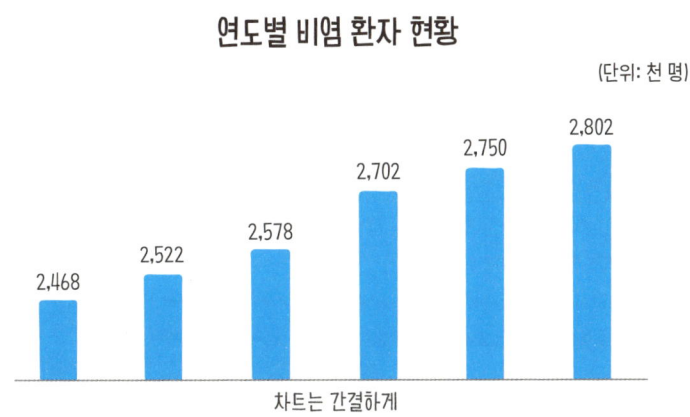

마지막으로, 모든 연도의 데이터가 중요한 것이 아니라 전체적인 변화 추이가 중요한 것이라면 항목을 줄이고 아래와 같이 표현하는 것도 가능하다. 여기에 증가세가 가지는 숫자의 의미를 메시지로 표현하면 좀 더 효과적인 차트가 된다.

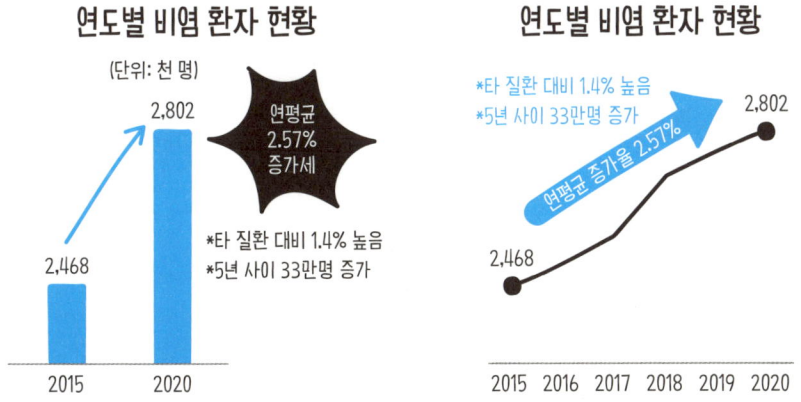

아래의 정부 보고서를 보면 왼쪽 차트에서는 대한민국이 22위, 39%이고, 오른쪽 차트에서는 59점, 39위라는 것이 직관적으로 표현되었다. 보고서를 보는 상대방은 자연스레 시선이 강조 포인트로 이동하면서 중요한 정보라고 판단할 것이다.

행정안전부의 2020년 정부혁신 종합 추진계획, 2020년 2월

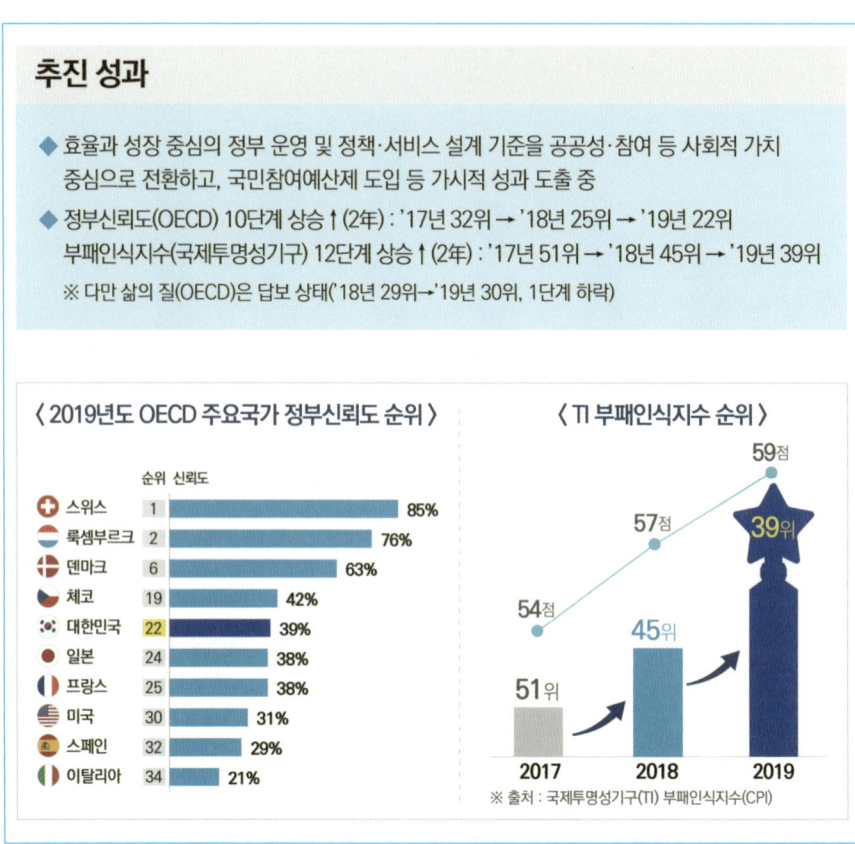

https://www.korea.kr/archive/expDocView.do?docId=38932

아래 보고서의 차트에서도 불필요한 내용은 생략하고, 특수학교와 특수학급의 증가세를 직관적으로 표현하였다.

교육부의 제5차 특수교육발전 5개년 계획, 2017년 12월

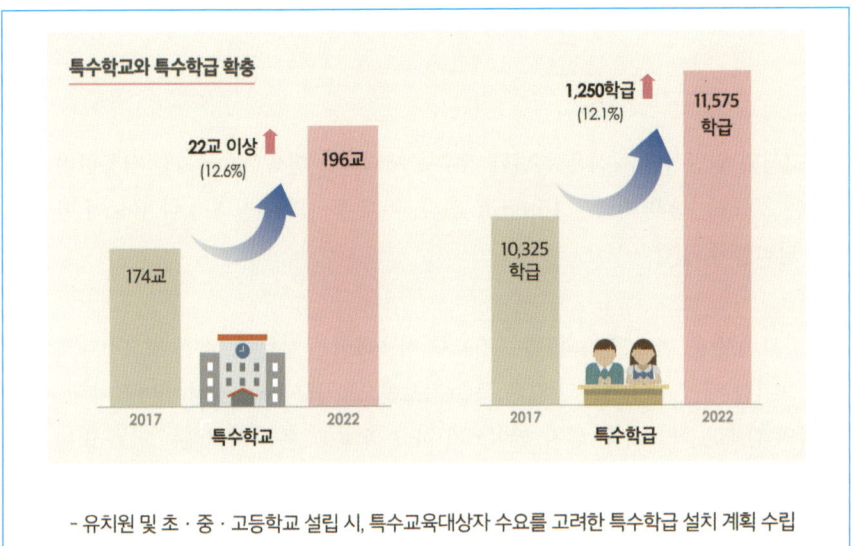

차트를 작성할 때, 한 가지 질문만은 꼭 기억하자.

'차트를 통해서 내가 말하고자 하는 바가 무엇인가?'

이 질문 하나를 아끼지 않는 것으로 차트는 간결해지고, 전달하고자 하는 바는 명확해질 것이다.

3. 보고서 형식도 내용의 일부다

보고서의 일반적인 형식은 특별한 경우를 제외하고 흰색 A4 용지를 사용하며 좌우 여백은 20mm, 상하 여백은 15mm로 한다. 이때 문서의 편철 위치나 용도에 따라 여백을 달리할 수 있다.

보고서 문단은 번호 항목과 특수 기호를 사용하여 구분한다. 짧은 보고서에서는 항목을 표기할 때, □, ○, -, •과 같은 특수 기호만으로 표시하는 것이 일반적이다. 각 항목 간의 간격은 한글로 한 글자 띄어쓰기 하고, 항목과 문장 사이에는 영문 또는 숫자로 한 글자 띄어쓰기 한다.

보고서 항목 체계

구 분	항 목 부 호
첫 째 항목	Ⅰ. Ⅱ. Ⅲ. Ⅳ. ...
둘 째 항목	1. 2. 3. 4. ...
셋 째 항목	1) 2) 3) 4) ...
넷 째 항목	(1) (2) (3) (4) ...
다섯째 항목	① ② ③ ④ ...

- 짧은 보고서에서는 □, ○, -, · 등과 같은 특수 기호만으로 표시
- 하나의 항목만 있을 경우에는 항목 구분을 생략

```
1. vooooooooooo
vv가.vooooooooooo
   vv1)vooooooooooo
      vv(가)vooooooooooo
         vv(1)vooooooooooo
            vv(가)vooooooooooo
2. vooooooooooooooooooooooo
   ooooooooooooooooooooooo
```

※ 1타 (v 표시)는 영문·숫자 1자, 2타 (vv 표시)는 한글 1자에 해당한다.

보고서 항목 구분 및 띄어쓰기

이를 종합하여 정리하면 다음과 같은 형식이 기본적인 보고서 형식이 된다. 물론 기관의 성격이나 상황에 따라 변형을 해서 쓰는 곳도 있으나 표준은 나름의 의미가 있으니 기억해 두기 바란다.

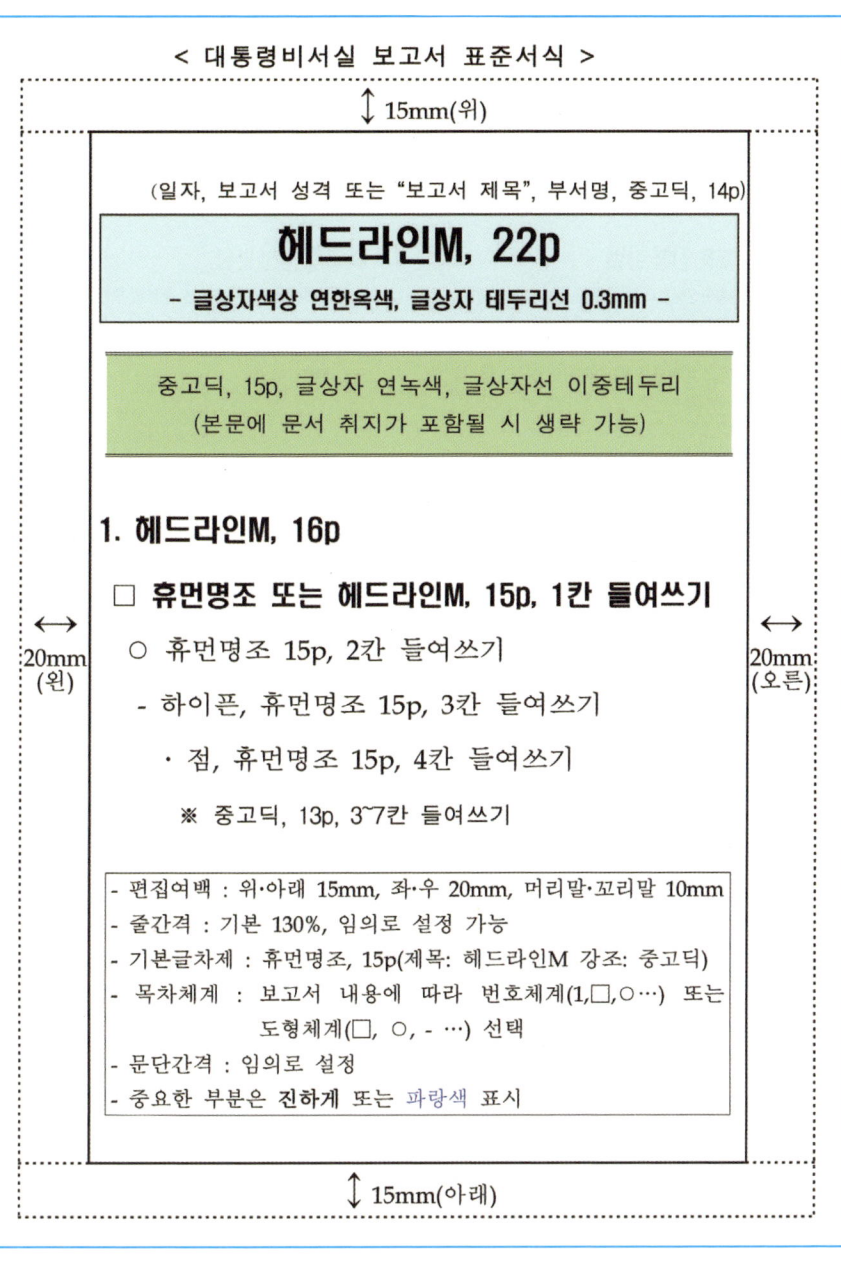

보고서 표준 서식

기본 형식과 항목 체계 외에도 보고서의 중요한 형식 중의 하나가 들여쓰기 원칙과 허리 자르지 않기 원칙이다. 왼쪽 글자의 시작점을 맞추는 것만으로 정리가 되고, 오른쪽 단어가 끊기지 않아야 자연스러운 시선의 흐름을 유도할 수 있다.

□ 교육 신청 방법
- 참가신청서 작성 후 팩스 전송 및 확인 전화
- 선착순 접수 마감 후 접수자 명단 홈페이지｜v들여쓰기 오류
 에 공지
- 접수자 명단 홈페이지 공지 후 2일 내에 참가
 비 납부
                    v허리자르기 오류

□ 교육 신청 방법
- 참가신청서 작성 후 팩스 전송 및 확인 전화
- 선착순 접수 마감 후 접수자 명단 홈페이지에 공지
- 접수자 명단 홈페이지 공지 후 2일 내에 참가비 납부

들여쓰기 원칙과 허리 자르지 않기

장평과 자간 간격을 조정해서 보고서의 가독성을 높이는 방법도 있다. 장평은 글자의 넓이를 의미하고, 자간은 글자 사이의 간격을 의미한다.

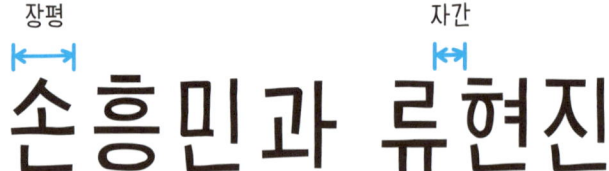

장평: 글자의 넓이, 자간: 글자 사이의 간격

이때 장평과 자간을 좁게 조정하면, 한눈에 좀 더 많은 글자가 들어오기 때문에 내용을 빠르게 파악하고자 하는 상대방에게 도움이 될 수 있다. 한글 문서 기준으로 장평은 100%, 자간은 0%가 기본 설정이지만, 개인적으로 장평은 95% 내외, 자간은 -5% 내외를 추천한다. 장평과 자간은 한글 문서의 글자 모양이라는 메뉴에서 편집이 가능하다.

동해물과 백두산이 마르고 닳도록　　　　동해물과 백두산이 마르고 닳도록
하느님이 보우하사 우리나라 만세　　　　하느님이 보우하사 우리나라 만세
무궁화 삼천리 화려 강산　　　　　　　　무궁화 삼천리 화려 강산
대한사람 대한으로 길이 보전하세　　　　대한사람 대한으로 길이 보전하세

남산 위에 저 소나무 철갑을 두른 듯　　　남산 위에 저 소나무 철갑을 두른 듯
바람서리 불변함은 우리 기상일세　　　　바람서리 불변함은 우리 기상일세
무궁화 삼천리 화려 강산　　　　　　　　무궁화 삼천리 화려 강산
대한사람 대한으로 길이 보전하세　　　　대한사람 대한으로 길이 보전하세

(왼) 장평 100%와 자간 0% (오른) 장평 95%와 자간 -5%로 설정한 글

　보고서에는 여백도 중요하다. 보고서에 빈 공간을 적절히 둠으로써 가독성을 높일 수 있기 때문이다. 내용이나 글자를 고치지 않고, 문장의 줄 간격과 문단 간격을 조정해서 시각적인 표현력을 높일 수 있다.

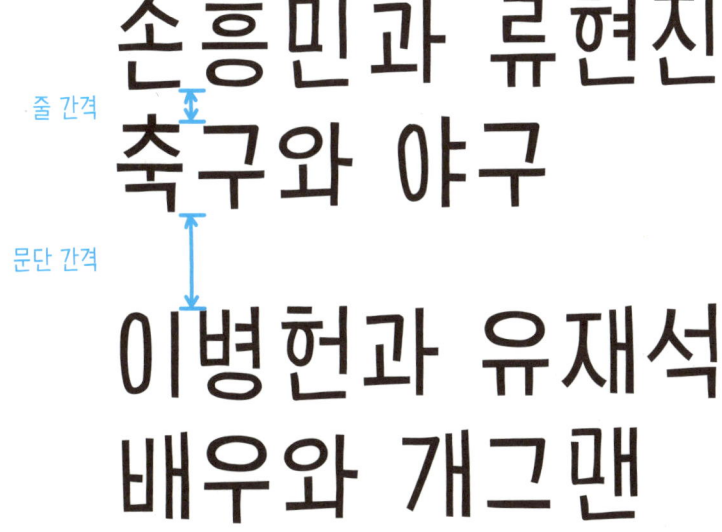

줄 간격과 문단 간격

줄 간격은 한글 문서의 문단 모양 메뉴에서 편집이 가능하다. 줄 간격의 기본 설정은 160%이지만, 개인적으로 130%~140% 정도를 추천한다. 이렇게 하는 이유는 가까운 정보끼리 더 인접하게 보이는 근접성의 원리를 확보할 수 있고, 문단 간에 여백을 주어서 가독성을 높일 수 있기 때문이다.

동해물과 백두산이 마르고 닳도록
하느님이 보우하사 우리나라 만세
무궁화 삼천리 화려 강산
대한사람 대한으로 길이 보전하세
남산 위에 저 소나무 철갑을 두른 듯
바람서리 불변함은 우리 기상일세
무궁화 삼천리 화려 강산
대한사람 대한으로 길이 보전하세

동해물과 백두산이 마르고 닳도록
하느님이 보우하사 우리나라 만세
무궁화 삼천리 화려 강산
대한사람 대한으로 길이 보전하세

남산 위에 저 소나무 철갑을 두른 듯
바람서리 불변함은 우리 기상일세
무궁화 삼천리 화려 강산
대한사람 대한으로 길이 보전하세

(왼) 줄 간격을 160%로 일괄 적용   (오른) 문장 간격을 130%로 하고, 문단 간격을 조정

다음은 보고서에서의 강조 표현법이다. 보고서의 모든 내용이 중요하다는 것은 아무 것도 중요하지 않다는 뜻과 같다. 강조하고 싶은 핵심 단어를 굵은 글씨나 색깔을 이용해서 강조해 준다.

이렇게 하면 상대방이 무엇이 중요한지 파악하기 쉽고, 해당 단어를 중심으로 보고서를 검토할 수 있다. 상대방의 시간을 절약해주는 지극히 효율적인 방법이다. 하지만 이렇게 하는 이유는 따로 있다. 강조 표시를 통해 상대방의 시선을 리드하고 인식을 지배할 수 있기 때문이다.

강조 표시 → 상대방의 시선 리드 → 상대방의 인식 지배

다음 보고서를 보는 순간 우리의 시선은 '약 3만 명으로 추정', '연간매출 규모는 약 9천 2백억 원'에 꽂히게 되고, 자연스레 이 내용이 머릿속에 자리 잡는다. 다른 내용은 기억하지 못해도 '3만 명'과 '약 9천 2백억 원'은 확실히 기억하게 된다.

문화체육관광부의 공예산업 활성화 대책, 2013년 9월

> **2. 공예산업의 현황**
>
> □ 공예산업 일반현황 (• 출처 : 2011 공예산업실태조사(한국공예디자인문화진흥원), 공예상품 위주 조사)
> ○ 공예업체 수 9천여개, 종사자 수는 **약 3만명으로 추정**
> - 업체별 종사자 수는 3.34명으로, 소규모 개인 업체가 대부분
> ○ 공예산업 **연간매출 규모는 약 9천 2백억원**, 업체별 평균 매출 약 1.06억원 으로, 사업 규모가 매우 영세
> ○ 소재별로는 도자(45.6%), 목기(19.0%), 섬유(8.9%), 금속(7.7%) 순이며, 용도별 로는 생활소품(53.6%), 주방/욕실용품(36.9%), 장신구/잡화(23.6%) 순의 비중
> ○ 대부분 업체가 제작과 유통을 병행(86.5%)하고 있으며, 판매는 공방 내의 매장(82.4%)이 대부분

https://www.korea.kr/archive/expDocView.do?docId=34432

이때 주의할 점은 너무 많은 것을 강조하거나 여러 가지 색깔을 쓰지 않는 것이다. 강조할 것이 너무 많다는 것은 고민하지 않았다는 뜻이다. 버릴 것은 버리고 줄일 것은 줄여서 핵심만 강조해 보자. 색깔은 파란색이나 남색 정도를 추천한다. 때로는 단어에 밑줄을 긋거나 형광펜 효과를 통해 강조하기도 한다.

마지막으로 숫자, 일시, 금액 등의 표현은 《2018 행정운영업무 편람》의 내용으로 대체하기로 한다.

> □ **숫자**
>   아라비아 숫자로 쓴다.
>
> □ **날짜**
>   숫자로 표기하되 연, 월, 일의 글자는 생략하고 그 자리에 마침표를 찍어 표시한다.
>   〈예시〉 2011. 12. 12.

□ 시간
시·분은 24시각제에 따라 숫자로 표기하되 시·분의 글자는 생략하고 그 사이에 쌍점(:)을 찍어 구분한다.
〈예시〉 오후 3시 20분 (X) → 15:20 (O), 오전 7시 9분 (X) → 07:09 (O)

□ 금액
금액을 표시할 때에는 아라비아 숫자로 쓰되 숫자 다음에 괄호를 하고 한글로 기재한다.
〈예시〉 금 113,560원 (금일십일만삼천오백육십 원)

□ 연월일
아라비아 숫자만으로 연월일을 표시할 경우에 마침표는 연월일 다음에 모두 사용해야 한다.
〈예시〉
- '06. 1 → '06. 1.
- 2013. 6. 27 (목) (X)
   2013. 6. 27. (목) (O)

보고서에 자주 보이는 연도 표기법 1999년 → '99년은 사실 정확한 표현은 아니라고 한다. 통상적으로 인정할 뿐이다. 정확하게는 아포스트로피(생략을 뜻하는 기호)를 쓰는 것이 맞다. 이때 키보드 엔터키 왼쪽에 있는 작은따옴표로 대신하기도 한다. 작은따옴표는 닫는 작은따옴표로, 빠짐 방향은 왼쪽이다.

이상으로 표현력에 대한 이야기를 마친다. 사실 표현력과 관련된 부분은 답이 없는 부분이기도 하다. 국립국어원이나 정부에서 표준을 제시하고 있지만, 관습적으로 쓰던 대로 쓰기도 하고 트렌드에 따라 끊임없이 변하고 있기 때문이다. 앞서 이야기한 내용도 교육생들의 보고서를 코칭하거나, 정부 보고서를 보면서 배운 내용, 선배들의 이야기를 통해 알게된 내용을 정리한 것일 뿐이다. 기관의 성격이나 보고 상황에 맞게 변형해서 쓰기를 권장하며 표현력에 대한 이야기를 마무리한다.

에필로그

끝날 때까지 끝난 것이 아니다.

공직 생활을 하는 사람이라면 누구나 보고서를 쓴다. 때론 보고서 작성 능력이 업무 평가와 직결되기도 하며 보고서를 못 쓰면 자존심에 상처 날 일도 생기고 야근할 일도 많아진다. 그래서 한 번에 통과되는 보고서는 모든 공무원의 로망이자 목표가 되기도 한다. 하지만 불행히도 한 방에 통과되는 보고서는 세상에 없다. 생각과 입장이 다른 상대방을 설득하는 일은 생각보다 만만치 않기 때문이다.

오죽하면 세상에서 가장 어려운 일이 남의 주머니에서 돈을 꺼내 오는 것과 내 생각을 남의 머릿속에 집어넣는 일이라고 했을까. 물론 어느 정도 경험이 쌓이고, 신뢰가 생기면 가능한 일이지만 보고서는 보고 또 보아도 고칠 것이 있고, 보고하고 또 보고해야 통과되는 숙명을 가지고 있다. 그래서 '보고'서라고 한다.

그럼에도 불구하고 보고 횟수를 줄이고, 좀 더 빠르게 상사라는 벽을 넘을 수 있는 세 가지 방법을 제시하면서 책을 마무리한다.

첫째, 처음부터 끝까지 한 놈만 팬다.

여기서 말하는 한 놈은 상사이자 의사 결정자이며, 넓게 해석하면 보고서를 읽는 상대방을 의미한다. 보고서는 무조건 읽는 사람의 입장, 의도, 용어 등을 고려해서 써야 한다. 보고서에는 내가 하고 싶은 말을 담는 것이 아니라, 상대가 듣고 싶은 말, 알아야 하는 내용을 담아내야 한다.

또한, 보고서를 한 방에 보여 주려는 욕심도 경계해야 한다. 심혈을 기울여서 마감 시간 직전에 상사에게 내민 보고서를 상사가 과연 좋아할까? 일주일 내내 아무 말도 없다가 갑자기 내민 보고서 앞에 상사는 이렇게 반문할지도 모른다.

"내가 언제 이렇게 쓰라고 했어?"

한 번의 최종 보고가 아니라 중간중간 상사에게 보고하면서 합을 맞추고, 정보도 얻고, 의견도 더하고, 조율해 나가는 지혜가 있어야 보고서가 한 번에 통과될 확률이 올라간다. 중간 보고는 내 보고서의 안전장치이자, 생명 벨트임을 잊지 말자.

둘째, 생각을 충분히 정리한 후 보고서를 쓴다.

보고서가 기획의 최종 아웃풋이기에 사람들은 무언가 기획하라고 하면 컴퓨터를 켜고 보고서를 써 내려가기 바쁘다. 생각을 떠올리고 정리하기도 전에 보고서 먼저 쓰기 시작하는 것이다. 하지만, 이렇게 해서는 좋은 보고서가 만들어지지 않는다. 보고서는 '쓰는' 것이 아니라 충분히 고민하고 정리한 생각을 단지 문서로 '옮기는' 행위에 가깝다. 생각을 꺼내고 정리하는 것이 80%, 쓰는 것은 나머지 20%면 충분하다. 정리하고 쓰기 시작해야 흐름이 만들어지고, 틀이 갖춰진 보고서가 만들어진다.

이때 보고서 초안은 아날로그 방식으로 쓸 것을 추천한다. 정확히 증명된 사실은 아니지만, 손으로 쓰면 뇌가 더 활성화되고 표현력도 좋아진다는 연구 결과가 있다. 자판을 타이핑하기 전에 연필이나 볼펜을 잡고 보고서를 구상해 보자. 보고서가 한 방에 통과될 확률이 올라갈 것이다.

셋째, 끝날 때까지 끝난 것이 아니다.

초보 기획자는 처음부터 100%를 목표로 해서 쓴다. 하지만 진정한 고수는 50%를 목표로 하고 보고서를 쓴다. 초고를 빠르게 쓴 후 고치고 또 고쳐서 120%의 보고서를 만들어 내는 것이 진정한 고수의 기술이다. 보고서든 글이든 고치면 고칠수록 좋아진다.

이때도 몇 가지 방법이 있다. 모니터보다 출력해서 보는 것이 흐름이나 맥락을 파악하는 데 유리하다. 또한, 보고서를 쓴 직후가 아니라 시간이 어느 정도 지난 후에 다시 볼 것을 추천한다. 그래야 객관적인 검토가 가능하다. 마지막으로, 검토할 때에는 소리 내어 읽어 보는 것이 좋다. 눈으로만 읽으면 우리의 뇌는 무의식중에 읽고 싶은 대로 읽기 때문에 오류를 찾아내지 못하는 경우가 있다. '문장의 배치 순서는 중하요지 않고' 라는 비문을 읽으면서도 머릿속에서는 '문장의 배치 순서는 중요하지 않고'로 인식하여 받아들이는 것이다. 소리 내서 읽어야 비로소 어색한 문구, 오탈자가 더 잘 들리고, 잘 보인다.

책을 쓰기 위해 여러 자료와 보고서, 책을 참고했다. 특히 대한민국 정책브리핑, 정책DB에 올라온 보고서가 큰 도움이 되었다. 책의 말미에나마 보고서를 공유해 주신 공무원분들께 감사 인사를 전하고 싶다. 솔직히 사이트에 올라온 고품질, 고난도의 보고서를 보면서 내가 보고서 관련 책을 써도 되나 싶은 자괴감이 들었다. 하지만, 그래서 더 써야겠다고 생각했다. 이제 막 보고서 세계에 입문하는 사람, 제대로 배운 적이 없는 사람들에게 기본을 알려 주고 싶다는 생각이 강하게 들었기 때문이다. 기본을 제대로 알아야 좋은 보고서를 볼 수 있는 안목도 생기고 추가적으로 배울 수 있는 기반이 마련된다. 소위 아는 만큼 보이기 시작하는 것이다.

이 책이 여러 '보린이(보고서+어린이)'들에게 고수들의 보고서를 알아보는 안목을 키우고, 스스로 보고서 작성의 고수로 성장하는 데 작은 시작이 되길 바라며, 《보고서의 정석》 집필을 마무리한다.

참고 문헌 및 보고서

문헌

1) 기획 관련
    - ☐ 《기획이란 무엇인가》, 길영로
    - ☐ 《문제를 해결하는 기획》, 한봉주
    - ☐ 《기획서 작성법》, 방누수

2) 보고서 작성
    - ☐ 《고수의 보고법》, 박종필
    - ☐ 《정책 기획 보고서 작성법》, 교육과학사
    - ☐ 《보고서 작성 실무 강의》, 홍장표

3) 문장 표현 및 글 쓰는 법
    - ☐ 《문서작성의 기술》, 박혁종
    - ☐ 《문장부호해설》, 국립국어원
    - ☐ 《2018 행정운영업무 편람》, 행정안전부

보고서

대한민국 정책브리핑 '정책 DB'

- ☐ 〈주류 규제개선방안〉 (2020. 5.), 기획재정부
- ☐ 〈수출입 물류 스마트화 추진방안〉 (2020. 2.), 해양수산부
- ☐ 〈농수산식품 수출 확대 방안〉 (2013. 09.), 농림축산식품부
- ☐ 〈은행의 자율성·책임성 제고방안〉 (2015. 8.), 금융위원회
- ☐ 〈국고보조금 부정수급 종합대책〉 (2014. 12.), 기획재정부
- ☐ 〈글로벌 창업 활성화 계획〉 (2013. 7.), 미래창조과학부
- ☐ 〈2020년도 공공폐수처리시설 운영관리 실태평가 결과〉 (2020. 11.), 환경부
- ☐ 〈2020년 문화예술교육 시행계획〉 (2020. 5.), 문화예술관광부
- ☐ 〈제1차 국민여가활성화 기본계획〉 (2018. 6.), 문화체육관광부
- ☐ 〈인공지능시대 교육정책방향과 핵심과제〉 (2020. 11.), 교육부
- ☐ 〈재기지원 활성화 방안〉 (2015. 10.), 금융위원회
- ☐ 〈벤처·중소기업 자금지원 강화를 위한 투자금융 활성화 방안〉 (2013. 9.), 금융위원회
- ☐ 〈2017년 소방청 성과관리전략계획〉 (2017. 11.), 소방청
- ☐ 〈2020 정부혁신 종합 추진계획〉 (2020. 2.), 행정안전부
- ☐ 〈자치분권 사전협의 지침〉 (2019. 7.), 행정안전부
- ☐ 〈농어촌 환경개선대책〉 (2013. 9.), 농림축산식품부
- ☐ 〈미세먼지 해결을 위한 국민여론조사보고서〉 (2019. 11.), 문화체육관광부
- ☐ 〈제3차 스마트도시 종합계획〉 (2020. 5.), 국토교통부
- ☐ 〈제5차 특수교육발전 5개년 계획〉 (2017. 12.), 교육부
- ☐ 〈제5차 해외자원개발 기본계획(안)〉 (2020. 5.), 산업통상자원부
- ☐ 〈공예산업 활성화 대책〉 (2013. 9.), 문화체육관광부

공무원·공공기관

보고서의 정석

초판 1쇄 발행	2021년 3월 22일
7쇄 발행	2024년 2월 20일

지은이	임영균
펴낸이	방환상
발행처	소운서가
출판등록	2006년 7월 21일 제251-2006-35호
주소	(04795) 서울시 성동구 성수이로 147 아이에스비즈타워 402호
전화	02-6464-7500 팩스 02-6464-7501
홈페이지	www.jwg.kr 인스타그램 instagram.com/sounseoga
ISBN	979-11-85192-61-1 03320
정가	16,000원

잘못된 도서는 바꿔 드립니다.
이 책 내용의 전부 또는 일부를 재사용하려면 반드시 당사의 서면 동의를 받아야 합니다.